会社、仕事、
人間関係で

心が疲れない
仕事術

福山敦士

あさ出版

仕事がつらい。

ストレスで
心が疲れてしまった。

そんなあなたのために、
僕はこの本を書きました。

もう、どうしていいのか、
わからない……

はじめに

「仕事をすると、心が疲れる」

以前、20代のビジネスパーソンの方に相談された時に言われた言葉です。「仕事でクタクタ、仕事以外の時間もやる気が出ず、毎日が楽しくない」とも、その方は言っていました。

本書を手にしてくれたあなたも、もしかしたら同じような思いを抱いているかもしれませんね。

たしかに、働くのって面倒くさいし、疲れますよね。

企業や組織に属していたら、職場の人間関係で日々、ストレスも溜まるし、頑張っているつもりなのに注意されたり、思うような結果が出るわけでもない。

でも生きていくためには、働いてお金を稼がなくてはならないし、自分がサボれば、会社のみんなに迷惑がかかる。だから仕事はするものの、日に何度も時計を確認しては「早く仕事が終わらないかな」とため息をついてしまう……。

1日の大半が仕事の時間ですから、これではたしかに、毎日楽しくないですよね。

ご挨拶が遅れました。福山敦士と申します。

今でこそ、社長をしながら、高校生や大学生にビジネスを教えたり、本を書いたりしていますが、野球に明け暮れ、大学に進学したのちに就職した会社では、やることなすことうまくいかず、毎日がつらい、仕事に行くのが嫌だと悩む日々を送っていた1人でした。

なぜ、仕事が嫌でたまらない状態から、トップセールスになり、独立して社長になったり、ビジネスを教えたりと「仕事」に多くの時間を割く人生を歩むようになったのか。

それは、本書で紹介する「心が疲れない仕事術」に気づき、身につけることができたからでした。当時は考えられないことですが、今では、働いている時間をとても楽しいと感じています。

突然ですが、あなたに質問です。

朝起きたら、雨がしとしとと降っていました。さて、どう思いますか？

「雨か……。傘を持っていかなきゃ。面倒くさいな」と思う人もいるでしょうし、

「雨か……。先日買った新しい傘が使えるからうれしいな」と言う人もいれば、

「雨か……。庭の植物に水をあげる手間が省けて助かる」と言う人もいるでしょう。

仕事も同じです。

「心の持ちよう」をどこに置くかで、心の疲弊の状態も変わります。

本書では、心を疲れさせないための仕事術を7つのテーマに沿って紹介しています。

「仕事術」とうたっていますが、自分のメンタルをコントロールするコツです。

僕は、仕事があまりにうまくいかず、疲れ果てていた時に体調も壊してしまい入院することになりました。この時、どうしたらいいか真剣に悩み、気持ちを切り替えるためにメンタルコントロールを意識するようになったところ、仕事で常に感じていた「つらい」とか「嫌だ」といった思いを感じることがなくなり、忙しさで体が疲れることはあっても、心が疲弊しなくなりました。そうなってからは、本当に楽になり、仕事もプライベートも楽しめるようになりました。

人生は、毎日がワークの積み重ねでできています。ビジネスワーク、ライフワーク、フィールドワーク……。ワークが付く言葉は数えきれないほどあります。

つまり、「仕事＝ワーク≠ビジネス≠人生そのもの」。

ビジネスがあなたの人生のすべてではありません。ただ、仕事に関わる時間が圧倒的に多いのも事実です。そこで心が疲弊してしまうと、ほかの大事な時間にも影響してしまいます。

それは、とてももったいないことです。

ビジネスパーソンとして求められるスキルはいろいろありますが、真っ先に身につけたほうがいいのがメンタルコントロールです。自分のメンタルを自由自在に操れるようになれば、仕事以外でも得する場面が増えていくからです。

仕事で心を疲れさせないことで、あなたの人生の彩りもまた変わります。

この仕事術があなたのお役に立つことを願い、信じています。

2023年2月

福山敦士

CONTENTS

Chapter 2

自分中心で考える 人間関係を低ストレスにするコツ

CONTENTS

Chapter 3

思い込みを外すと不安も消える 不安にならないコツ

Chapter 4

モチベーションは自分で動かす モチベーションを下げないコツ

CONTENTS

Chapter 5

自分を知ることで認める 自己肯定感を高めるコツ

Chapter 6

選び方を変えると結果も変わる
余計なストレスを溜めないコツ

CONTENTS

Chapter 7

過去と未来を見る 自己効力感を高めるコツ

PROLOGUE
メンタルコントロールはあなたを守る護身術

人は心の状態に大きく影響される

ビジネスは、時代のちょっとした動き、世の中の変化に敏感に影響を受け、最適解がコロコロ変わります。

ここ数年の変化は、前代未聞と言っていいほどで、会社や組織、そして働く人々も迷いながら1歩1歩進んできました。自分の能力だけではどうにもできないようなこと、思いもよらないことで仕事がうまく運ばないこと、あなたも経験してきたのではないでしょうか。おそらく心が疲れてしまったこともしばしば、または真っ只中という人もいることでしょう。

さて、「人は感情の生き物である」といわれます。

怒りが爆発して怒鳴ってしまった、うれしさが爆発して大きな歓声をあげてしまった。こうしたことがあるのも、人が感情の生き物だからです。

それだけ、私たちの在り方、生き方において、心が大きな存在を占めるということです。そんな大事な心を仕事で疲弊させてしまうのは、よいこととは言えません。

人は、心が疲弊すると思考が止まり、行動を抑えられなくなってしまう習性があります。めったにないこととはいえ、心が疲れていて感情を抑えきれず、自分を制御できずにあってはならない行動をしてしまったことで、人生が大きく変わってしまった人もいます。

心が疲れない仕事術を身につけるということは、自分自身を守ることなのです。

今後ますます激しくなると考えられる時代の変化に対応するには、必須のスキルと言っていいでしょう。

心が疲れる最大の原因は、「マイナスの感情」に襲われることです。

良い悪いにかかわらず、想定外の出来事などによりストレスを受けたり、（自分の中にあった）期待や想いを裏切られたり、そんなはずじゃなかった（なってほしくなかった）結果になることでショックを受けたりすると、心穏やかにいられず疲れてしまいます。ストレスやショックを受ける回数が多くなればなるほど、また度合いが大きければ大きいほど、心の疲労はどんどん増していきます。それがネガティブ、マイナスの感情であれば、なおさらダメージが大きくなります。

ダメージを放置すると、やる気が奪われたり、つらく苦しい思いに悩まされたりして、仕事以外の時間、シーンでもネガティブな状態になってしまいます。

そうならないために、メンタルコントロールが自分の意志でできるようになっておくことが必要なのです。

心が疲れる前の対応が肝心

僕が本書で紹介する「心が疲れない仕事術」は、まさに仕事で使えるメンタルコントロールのコツです。特徴は、大きく次の3つです。

1　多少のストレスやショックでは疲れない自分をつくっておくテクニック

2　想定外にストレスやショックを受けてしまってもフラットな状態に戻れるテクニック

3　余計なストレスやショックを受けなくて済む環境を整えておくテクニック

先ほどお話しした通り、やることなすことうまくいかず、毎日がつらい、仕事に行くのが嫌だと悩む日々を送っていた僕自身の経験、そして、メンタルコントロールを意識して行うようになってから、経営者として自社の社員や学生を含むたくさんの働く人々と接し、指導する中で気づいたことがあります。

それは、メンタルコントロールは、ネガティブな状態になってから行うのではなく、日頃から取り組んでおくことで、心が大きく疲弊するようなことにならなくてすむということです。

疲れすぎずにすむので回復に時間や手間を取られずにすみ、とても効率的です。

実際僕は、起きたことへの対処のほか、事前に自分の状態や環境を整えるようにしたところ、より心が楽になり、仕事が楽しいと思えるようにまでなりました。仕事がうまくいかず、悩んでいた時の自分とはかなり違います。

本書では、日々遭遇するビジネスシーンにおいて、具体的にどうすればよいか、どう考えればよいかといったことを、私の経験、私が教えてきた人たちの経験や感想等を踏まえてテクニックとしてまとめたものを、次の7つのテーマに沿ってお伝えしていきます。

- メンタルコントロール
- 人間関係
- 不安解消
- モチベーションキープ
- 自己肯定
- 対ストレス
- 自己効力

できそうなことから、どんどん試し、取り入れていってください。

心を疲れさせる最大の要因は「自分」

そしてもう1つ、本題、仕事術の説明に入る前にお伝えしておきたいことがあります。

ここまで読み進めてきていただいた中で、こんなふうに思った人もいるのではないでしょうか。

「心が疲れる理由は、職場にいるウザい上司やコワい先輩、メンドクサイ同僚からの心ない言葉だったり、変に気を遣わなくてはいけないコミュニケーションだったりが原因で、明らかに自分のせいではない」

ウザい上司やコワい先輩、メンドクサイ同僚の対処が何より必要だと思う、と。

その気持ち、よくわかります。

よく質問や相談を受ける話題でもありますし、職場の人間関係に悩み、苦しい思いをしている人は少なくないからです。

でも、ちょっとだけ冷静に、考えてみてください。

上司にも、先輩にも、同僚にも、「ウザい」「コワい」「メンドクサイ」がはじめからセットで付いていたわけではないでしょう。全部、あなたがそう感じているだけです。

あなたが彼らに対して抱いた「ウザい」「コワい」「メンドクサイ」といった印象を取り払うことさえできれば、ウザい上司やコワい先輩、メンドクサイ同僚がいなくなり、職場は快適な場になるはずなのです。

「ウザい」「コワい」「メンドクサイ」を取り払うなんて無理、と思ったあなたには、とっておきのお話をしましょう。

人間は体の6～7割が水分で、残りはタンパク質でできています。

あなたが今、ウザいと思っている上司も先輩も、ただの水とタンパク質です（もちろん細かく言えば、脂肪やミネラルもありますが）。

果たして、水とタンパク質は、「ウザい」「コワい」「メンドクサイ」でしょうか。

イメージつきませんよね？

この世界には、立ち向かえないような強敵やラスボスは存在しません。もしそう思える人たちがいるのだとしたら、それらをつくり出しているのは、全部あなたの心。自分のメンタルを攻撃している敵の正体は、他でもない「あなた自身」なのです。

組織の一員として働き始めると、個人の意見とは異なることをやる場面に何度も出くわします。上司からの許可がなければ動けないのに、その指示をただ待つだけで時間が過ぎていくこともあります。こうしたことにイライラしたり、ネガティブな思いを抱いてしまったりすることもあるでしょう。

でも、そのネガティブな気持ちを持ち続けると、結局は自分の心が疲れるだけです。

受け身の状態は、とても心を疲れさせます。

自分主導でビジネスを進められるようになると、結果的に、自分にも仕事にもプラスに働きます。

まずは、「心が疲れない仕事術」を使って、自分を整えることから注力していきましょう。

心がブレない自分をつくる心を整えるメンタルコントロールのコツ

Chapter

1

TIPS 1 マインドフルネスで平常心を保つ

仕事がうまくいっている人は、「今」に集中している

仕事をしていると、日々、様々なことが起こります。思っていた以上に大きな結果が出たり、ミスやトラブルが起きたり、自分はうまくいっていても後輩や同僚のミスのフォローに入ることになったり、毎日計画通りに1日が終わることなど、なかなかないでしょう。

何かが起きるたびに、心も動きます。褒められたらうれしくてワクワクしますし、注意されたら落ち込むし、同僚や後輩のミスには心配になるでしょう。これは、当然です。ただ、何かが起きるたびに心が揺れ動いていたら、心は毎日疲れ果ててしまいます。

心をムダに疲れさせないためには、平常心を意識して保つことです。平常心とは精神が安定している状態をいいます。精神が安定していると物事に対して不用意に動じることがなくなり、冷静に物事を判断できるという、仕事をするには適した状態になり、スムーズに仕事が進みます。

平常心を保つのにオススメなのが、マインドフルネスです。マインドフルネスとは、「今、ここ（目の前のこと）」に集中することです。今、遂行すべき業務以外の情報をすべてシャットアウトして、心をムダに疲れさせないようにするのです。

マインドフルネスのことを瞑想だと思っている人もいるようですが、それはちょっと違います。簡単に言うと、次のような違いがあります。

・瞑想……目を閉じて呼吸を整え、無心になっていくこと
・マインドフルネス……無心になったその先に訪れる「心の状態」

瞑想はあくまでマインドフルネスの状態になるための手段（行動）なのです。

仕事前の瞑想で、ビジネス的マインドフルネス状態に入る

周りの音や行動に振り回されることなく、また過去の失敗や未来への不安などにとらわれることなく仕事に集中できる状態を、僕は「ビジネス的マインドフルネス状態」と言っています。

ビジネス的マインドフルネス状態になるには、仕事を始める前に5分間、呼吸に意識を向けてみましょう。

深呼吸（腹式呼吸）し、「今、お腹が膨らんでいる、凹《へこ》んでいる」と呼吸と身体の状態を意識します。上司の顔色、他人からの評価、今やっている作業以外の仕事の進捗……などが頭をよぎっても、呼吸に意識を向け続けます。呼吸のこと以外考えなくなったら深呼吸を終え、業務に取り掛かります。

僕自身も、ミスをして落ち込んだり、想定外の出来事に悩んだりすることがあります。ただ、落ち込んだまま、悩んだ状態でよりよいパフォーマンスは発揮できません。決断をする仕事の前は、その都度、呼吸に意識を向けます。

たとえばスポーツをする際も、アップ（準備運動）の時間があります。アップは20～30分かけて身体をほぐすだけでなく、気持ちを高めていく大切な時間です。仕事も、気持ちを高めるためには一定の時間が必要です。人間の気持ちは一瞬では切り替わりません。オンとオフの移行時間を感じながら、気持ちを物理的にコントロールしてみることをオススメします。

目の前の業務以外の雑念を振り払い、一瞬一瞬、今なすべき業務に集中して向き合うと、余計な雑音も聞こえなくなり、心が揺れることがなくなります。また、人は集中状態に入ると疲れを感じません。ぜひ試してみてください。

マインドフルネスはGoogleやアップルなど、世界の名だたる企業が研修として取り入れていることも知られており、その効果はハーバード大学でも研究されました。目の前のことだけに集中し、雑念を払って、心を整えビジネスワークに挑みましょう。

POINT

仕事を始める前にマインドフルネスで集中力を高め、自分を整える

TIPS 2

「メンタルが弱い」に巻き込まれない

実は自分の足を引っ張る「メンタルが弱い」の呪縛

「自分はメンタルが弱いから」と、本書を手に取られた方もいらっしゃるかもしれません。

僕自身、採用面接の場や研修の場などで、「自分はメンタルが弱くて」と言う方とお会いすることが増えました。

「自分はメンタルが弱い」と公言するのは、多くの場合、自分を守る手段としてだと思いますが、実は、逆効果だと思ったほうがよいでしょう。

「メンタルが弱い」という言葉は、とても漠然としているため、その言葉を口にした瞬間、相手から「意志が弱い人だ」、または「指導しただけで非難されたと受け取ってしまう面倒くさい人だ」などと、自分の考えとは異なるラベリングをされる可能性があるからです。

さらに、その言葉を口にするたびに、またはそう考えるたびに、自分の脳に「自分はメンタルが弱いのだ」と思い込ませ、本来の力を出せないようにしてしまう弊害があります。

あなたの可能性や力をあなた自身が奪ってしまっているということです。

「自分はメンタルが弱いから」と思えるということは、自分の弱みを知ることができているということ。その部分をコントロールして、メンタルが落ちたり、弱くなったりしないように防ぐほうが、断然メリットがあります。

事象をタスクに切り替える

メンタルを強くするために鍛えるべきは「耐え忍ぶ心」ではありません。脳が捉えた事象を、タスクに素早く落とし込むスキルです。これができれば、メンタルが落ちるのをかなり防げます。たとえば次のような感じです。

■昨日の作業でミスがあった

「会社に行ったら絶対に怒られる……気が重いな」

怒られるのが怖いという思いで頭がいっぱいになり、会社に行きたくなくなる

↓

「ミスしちゃった……。上司に報告してリカバリ策を相談しよう」

タスク化：会社に行って、上司に報告し、対策を練る

気持ち、メンタルにフォーカスするのではなく、取るべき行動（解決策）に目を向けることによってメンタルは落ちるタイミングを失うのです。

人はすべきことがあると、そのことに注力する習性があります。また、気が重くなる出来事でも、解決策を与えてあげれば、「それをすればいいのだ」と、安心して受け入れます。どんな状況も事象化し、できるタスクを見つけましょう。

POINT

やるべきことに目を向けて心にかかる負担が減る

会社に行って
上司に報告して
対策を決めて…

TIPS 3

仕事が回ってきた時は自分で「やる」と決め直す

受け取り方を変えるだけで心の負荷は真逆になる

若いうちは上司や先輩から仕事が回ってくるので、自分でいいのだろうかといった不安や、失敗したらいけないという緊張により、思い通りにいかないなど、様々な思いが沸いて落ち着きません。心が疲れてしまうのはそのせいでもあるでしょう。

ではここで、あなたの周りにいるメンタルが強そうだなと思う「仕事を楽しんでいる人」を思い浮かべてください。

彼らは、上司や先輩から回ってきた仕事であっても楽しそうに進めていませんか？ではいったい、何が彼らを楽しそうにしているかというと、回ってきた仕事であっても「受け」仕事ではなく「やる」仕事にシフトしたからです。

・他人に「やれ」と言われたからやる仕事……受け（待ち状態）のため、自分では何も決められないまま、受け身でしか進めることができない
・自分で「やる」と決めてやる仕事……指示を待つことも含めて、自分で決めて動くため、仕事を主体的に進めることができる

たとえば、仕事に必要な書類を相手先が作っていたとします。

この時、受け仕事であれば、「待たされている」状態になり、しんどいものです。

反対に、主体的にやると決めた仕事であれば、「待っている（待つという行動をしている）」状態となり、予定通りとなります。

状態としては、仕事に必要な書類を待っていることには変わりはないのですが、メンタルの負荷は真逆と言っていいでしょう。

回ってきた仕事は「受ける」のではなく「やる」仕事として引き受ける。

受け取り方の違いですが、心の負担は、大きな違いになるのです。

やれることを自分で探す

そうは言っても、「待つ」時間は、なかなか疲れやすいものです。疲れをより軽減するには、主体的にこなせるワークを見つけて動くのが有効です。

小さなことから、できる仕事を探してやってみましょう。誰かの仕事を手伝うでも、仕事に関連する資料を読むでも構いません。

自分から率先して仕事を見つけられるようになれば、時間が過ぎるのも早くなりますし、周囲からは、よく働く努力家だと信頼されるようになります。

心も疲れず、経験が積め、周りの信頼も得られるお得な仕事術です。

POINT

主体的になれば、やらされてる感がなくなり心が楽になる

自分発信で

できる仕事の例

- 直属の上司の業務をもらう
- 過去の社内会議資料を読み込む
- 上司の企画書 / 提案資料を読み込む
- 直属の上司との面談の機会をもらう（仕事をもらうために）
- 直属ではない先輩との面談の時間をもらう（仕事のやり方を教わるために）
- 自分が所属する部門の改善アイデアを考える（朝会の進行、定例会議の進行、その他宙に浮いたタスクを可視化し、それを自分にやらせてもらう）
- 業務マニュアルを作成する（自分の仕事をいつでも引き継げる準備）
- 会社 HP についての改善案を書き出す（初見の人から見てわかりづらい事項等）
- 会社 SNS の運用についての改善案を書き出す

TIPS 4

仕事がうまく回らない時は いったん立ち止まる

パニック状態に気づくことは難しい

日々、様々な仕事をしていれば、ミスが出るなど、うまくいかないこともあるでしょう。

そんな時、「こんなはずじゃなかったのに」などと焦ってすべきことがわからなくなり、「自分は仕事ができない」と自信をなくして手が止まってしまっていたら、パニックを起こしている可能性があります。

パニック状態に陥っている時は、何をしてもうまくいかないものです。いったん、手を止めましょう。

「パニックなんて起こしていない」と思うかもしれませんが、パニックは、自分が「理解できていない」ことを、自分でわかっていない状態。つまり、パニックなんて起こしていないのに仕事がうまく回せないのであれば、やはり、パニック状態ということなのです。

言葉遊びのようですが、理解が不足しているにもかかわらず、その自分を把握できていないために、二重三重に認識がこんがらがっている——これがパニックの正体ですから、気づいていなくても当然です。

なんだか仕事がうまく回せていない時は、パニック状態になっているのだと受け入れ、まずはいったん手を止めましょう。

メタ認知で自分を冷静に見る

パニック状態を自覚したら、まずその自分を俯瞰《ふかん》することを意識しましょう。

パニックの渦中にいる自分を、とりあえずその場に置き去りにして、第三者目線で冷静に自分の姿を見直すのです。これを「メタ認知」と呼びます。

「メタ」には「超越した」「高次の」「上の」といった意味があり（ゲームなどで「メタい」などと使われるものと概念は同じ）、メタ認知は「自分を1つ上の階層から見下ろすこと」と理解してください。

つまり、ゲームをしているプレイヤーが、自分が動かしているキャラクターを見るように、ビジネスでパニックになった自分を見下ろし、自分の状況をただそのまま把握するのです。

メタ目線になるメリットは、まずパニック中の自分と一線が引けることです。焦りから自分自身を切り離すことで冷静さが戻ってきます。

冷静になると、自分が何につまずいているのかに気づけるはずです。気づいたことは、紙に書き出すなどして言語化（＝見える化）しましょう。誰かに見せるものではないので、思いつくまま書き出して大丈夫です。これを続けていくうちに、自分の置かれている状態が少しずつ整理でき、解決案が導き出せます。

この時には、パニック状態がだいぶ落ち着いてきているはずです。

言語化し尽くしたと感じたら、不明点を理解するための行動に移りましょう。

メタ認知＝自分の認知活動（考える・感じる・記憶する・判断するなど）を、客観的に捉えること。

いからです。

パニックを引き起こす「わからない」原因は「知識の不足」

パニックを引き起こす原因は、その仕事を遂行するうえで必要な知識が十分ではないからです。

足りない知識が何かわかったら、調べたり、相談したりして補完し、仕事を前に進めていきましょう。

この時、すべきなのは、自分は無知だとダメ出しする前に、調べてタスクや対応を決めることです。

あなたがその業務に就いて日が浅いのであれば、知識がないのは当たり前。落ち込む必要はありません。また、ベテランであっても世の中の動きが早いこの時代、知らないことはよくあります。勉強が足りなかったのであれば、今からすればいいだけの話です。

また、仕事の内容によっては、わずかな時間が命取りになることもあります。調べるには時間がかかりそうと判断したら、詳しい人の頭を借りてください。

「こんなことを聞いたら、馬鹿にされるかもしれない」などと不安になる気持ちもわかりますが、優先すべきはわからないことを、わかるように解決策を決め、前に進むことです。

あなたが躊躇《ちゅうちょ》することで、会社全体に迷惑をかけてしまうケースもあり得ます。「あの人ならわかるはず」と思う人がいるのなら、「教えて」と真摯にお願いしてしまいましょう。同じ職場の上司、同僚は仲間です。仕事を進めることが大事であるとわかっていますから、よほどのことがない限り、協力してくれます。

仕事は自分1人だけで回すことはできません。だから、部署があり、チームがあり、組織があるのです。

なお、その仕事が終わったら、あなたからあらためてお礼を伝えましょう。そして、頼られた時にはあなたの力を貸してあげましょう。

「頼れる仲間がいる」と理解することは、パニック状態から抜け出すメンタルコントロール術なのです。

POINT

大事なのは自分1人で頑張ることではなく、仕事が前に進むこと

COLUMN 1

ミスをしてパニックに陥った時の対処法

仕事でパニックを起こすパターンとして、ミスをした時、というのもありますよね。ミスをした時の対処法は、たった1つです。

一刻も早く上司に報告し、迷惑をかけた先に謝罪する。

パニックになって悩み、言い出せずに時間が過ぎ去ってしまうくらいなら、さっさとミスを報告してください。

ミスをしたことに責任を感じ、上司に迷惑をかけられないから、もしくは、上司に怒られたくないからと、自分だけでなんとかしようと画策するのは、大きな大きな間違いです。

躊躇せず、一分一秒でも早く、上司に報告してください。

謝罪はスピードが命。
報告が早ければ早いほど、怒られない、と思ったほうがいいでしょう。

もちろん、本来、謝罪とは心を優先すべきものです。でも、心からの謝罪を見せようとしたら、何十枚もの始末書を書き、高価なお菓子を持参して、相手の前で土下座をして……、それでもまだまだ、足りないという場合もあります。

でもその間、ミスの対応が遅れてしまっては、ただでさえ迷惑をかけてしまっているのに、どんどん問題が大きくなっていくだけです。相手からすれば迷惑をかけられた人からすると、さらに時間を奪われているだけにしか感じず、ますます不愉快になりかねません。だからこそ、スピードを何より重視し、対応しなければならないのです。

謝罪やトラブル解決の場は決して恐れず、積極的に顔を出し、上司の対応を見ながら、ケースごとの対応の仕方（テンプレート）を自分の中にストックしていきましょう。この先、必ず役に立ちます。

TIPS 5

「頑張れ」は ただの挨拶だと受け流す

曖昧な言葉に意味を探す必要はない

「頑張れ！」

そう、上司や先輩に言われて困ったことはありませんか？

「頑張れ！」とだけ言われても、具体的に何をしたらいいのか、まったくわかりませんよね。

以前、上司や先輩にどんな言葉をかけられると困るか、数人の20代のビジネスパーソンに聞いてみたことがあります。その時、圧倒的に多かったのが、この「頑張れ」でした。

その中の1人が、次のような話をしてくれました。

以前の上司が、毎日のように「頑張れ」と声をかけてくれたそうです。最初のうちは、やさしく面倒見もよい人だと思ってうれしかったのですが、あまりに「頑張れ」と言われるので、だんだん「自分の頑張りが足りないから、毎日、声をかけられるのだろうか」と悩むようになり、上司の顔を見るたびにしんどいと思うようになったとのことでした。

おそらく上司は、「応援しているよ」ぐらいの意味を込めて「頑張れ」という言葉を使っていたのでしょう。それは、「おはよう」と挨拶した状態と大差ありません。

つまり彼は、上司の「頑張れ」という言葉に振り回されて必死になる必要はまったくなかったというわけです。

「頑張れ」などのような具体的な動作が伴わない曖昧な動詞だけの言葉は、ただの挨拶だと受け流しましょう。

本気で頑張らなければならない時、上司は具体的に指示してくる

そもそも上司は、部下を育てる役割があります。

頑張ってもらわなくてはならない時に、何をすればいいのかわからないような、あやふやなメッセージを部下には送りません。

それは、上司にとっても意味がないからです。

漠然と「頑張れ」とは言わず、必ず具体的な動作に落とし込んだアドバイスをして導いてくれます。

「君がお客様に話している内容を書き出してみようか」

「我々がお客様に伝えるべき項目をおさらいしてみよう」など。

もし、上司の「頑張れ」が挨拶だと割り切れないなら、「具体的に自分は何をしたらいいのでしょうか」と尋ね、できる状態（動作化）までアドバイスしてもらいましょう。

上司が忙しそうであっても、手を一瞬止めてもらいましょう。上司にアドバイスしてもらうのは、部下の特権でもあります。

なかなか上司が捕まらないときは、上司が外出する際、エレベーターに同乗してその数分間の時間をもらうのも有効です。

わからないままただ悩むのは、どんどん心を疲れさせてしまうことになります。

上司に聞くのは勇気が必要かもしれませんが、一瞬ですみます。遠慮は必要ありません。

部下が成長することは、上司にとってもうれしいことです。

「頑張ってほしい」と思っているのなら、部下から時間を抑えられ、質問・相談されたら真摯に答えてくれるはずです。

後は、もらったアドバイスに沿ってやるべきことを成すのみです。

POINT

1人で悩むことはチーム（会社）で働いている意味がない

TIPS 6
動作化で心を整える

今、何をすればいいかを探すことに注力する

心を整える方法として、ビジネス的マインドフルネスを紹介しましたが、もう1つオススメしたいものがあります。

それは、「すべてを動作化する」という手法です。

人によってはこちらのほうが、集中状態に入りやすいかもしれません。

たとえば、あなたに「某社の社長に提案をしに行く」というミッションが課せられたとしましょう。

この時考えるべきなのが、「ある企業の社長に提案に行くために、まず自分のデス

ク で何をするべきか」です。

提案に行くとしたら、会う約束を取り付けなくてはなりません。では、どうするか。突然、相手先に電話をかけても、取り次いでもらうのは難しそうです。ただ、アポイントを取らないと、ミッションを成すことはできません。焦りも出てきます。

――社長同士のネットワークはないだろうか。

そう思い立ったあなたは、勢い込んで社長室の前まで行ったものの、よくよく考えれば、社長に気軽に声をかけるわけにはいきません。ならばと、社内ネットワークにある社長のスケジュールをチェックするも、もちろん非公開。でも、全社スケジュールで、「明日の部長会議に社長が出席する」という情報を見つけました。

――部長から話を通してもらうのが近道か？

部長の姿を探すも、見当たりません。そもそも部長はまだ異動してきたばかりで、あなたはまだ部長とほとんど話したことがないため、社長に話しかけるのと心理的なハードルの高さは変わらないことに思い至りました。さて、どうしよう……と、部長のことを考えていたあなたはふと、思い出します。

――課長と部長は、たしか以前同じ部署だったはずだ。課長から、部長に、それから社長にという流れで話をつないでもらえないかな。

課長とは普段からコミュニケーションが取れているため、話を聞いてもらいやすいと考えたのです。そこで、あなたは課長が部長に説明しやすいよう、資料をまとめなくてはと気づきます。さらに、以前、先輩が類似企画を出していた記憶も蘇《よみがえ》ってきました。

――先輩から過去の企画書を見せてもらって、企画の相談にも乗ってもらおう♪

いかがでしょうか。思考の流れをそのまま記してみました。イメージできましたか？

「思考を動作化する」というのは、どんなタスクやミッションも自分のデスク回りで最初にできることまで、仕事を細分化していくということです。

もし、与えられたミッションをデスク回りでできる動作まで落とし込むのに「自分1人では時間がかかりそうだ」と感じたら、話しやすい人に相談してみましょう。

不思議なもので、動き出すとラッキーがついてくるのがビジネスです。

話しかけた先輩からこんな情報がもたらされるかもしれません。

「え？　○○社の社長？　俺、週末に部長と一緒にゴルフに行くけど？」

デスクで固まったまま、1人で悶々と考えていては、このラッキーには気づけません。

「そんなにうまい話はないいんじゃない？」

そう疑う人もいるかもしれませんが、動き出すと流れ出すのがビジネスです。

ビジネスは、歩みを止めない者に運が流れてくるのです。

POINT

どんなミッションにも、すぐに取りかかることで、できるものが必ずある

TIPS 7

自分に都合よくリフレーミングする

解釈の仕方を工夫してネガティブな感情を薄める

あなたは自分に満足していますか？

自分のことを「できる人間だ」と、思える日はありますか？

日本の若者は諸外国と比較して、自己肯定感を持つことが非常に苦手だという統計結果があります。自己肯定感が低いと、物事を前向きに考えにくくなります。

どうしても前向きになれない時にオススメしたいテクニックが、リフレーミングです。リフレーミングは、ある出来事や物事に対して見方（＝フレーム）を変えることを言います。ＮＬＰの手法の一つです。

ＮＬＰとは、神経（＝Neuro）、言語（＝Linguistic）、プログラミングの意味で「脳と心の取扱説明書」と呼ばれる心理学。ＮＬＰは神経、つまり五感を通してインプットされる経験を言語化した際に「人の心はプログラムされる」というロジックで、心の動きを考えています。このロジックでいけば、ネガティブな状況をそうではないように言い換えるだけで、心を整えることができます。

「退職」「退学」「離婚」など、一般的にはネガティブに捉えられる言葉でも、解釈の仕方によっては「次の道に進むための手続き」と捉え直すことができます。

また、「あきっぽい」という性格は「好奇心旺盛」とも言えますし、「怒りっぽい」という性格は「正義感が強い」と言えなくもありません。

リフレーミングすれば、一見ネガティブに思えるようなことのポジティブな面に目を向けることができ、心の平穏を保てるようになるのです。

僕はキャリア支援を行う時に、この手法をよく利用します。

日本人は各自の持つセルフイメージもやや低いのですが、自分で自分を肯定するよりも、他人から褒められたほうが、自信を取り戻すことができるからです。

実際に僕がリフレーミングの手法を用いたやりとりを紹介しましょう。

相談者「仕事はたくさんしてきましたが、転職が多く業歴が短いものばかり。これって職歴とは言えないですよね」

福　山「多彩な職種を経験されてきたんですね。どんな仕事でも果敢かつ柔軟に取り組める証拠ではないでしょうか」

相談者「大学を出てまだ1年ほどの経験しかないのです」

福　山「ということは、ビジネスマンとしての伸びしろがたっぷりありますね！」

あるスタッフをマネージャーに抜擢した時、

「自分自身がそんなに結果を出してないのに、人の上に立つなんてできません」

と彼は必死で断ってきました。僕は彼に言いました。

「それって、結果をなかなか出せない人の気持ちがわかるってことだよ」

上に立つ人材には、結果がすぐ出せてしまえる器用なタイプも少なからずいます。彼らには、成果がなかなか出ずとも努力を続ける人の気持ちは、なかなか理解できないのです。そしてうっかり「こんなこともできないの？」という心ない言葉を投げつけて、部下のやる気を削いでしまうのです。

彼らの間に立ち、できない側の想いを翻訳するのも「君にしかできないマネージャーの仕事だ」と僕は伝えました。

リフレーミングで過去も塗り替える

リフレーミングは、過去の失敗体験の塗り替えにも有効です。

失敗を思い出すたびに不安になって一歩を踏み出せないというのであれば、記憶をリフレーミングしてしまいましょう。

――あの失敗があって学んだんだ。

――あそこで失敗したから、合わない仕事を続けなくてすんだ。

過去の出来事に対する解釈は、自分に都合よく変えても誰の迷惑にもなりません。

小さな子どもは好奇心が旺盛で、何にでも果敢にチャレンジします。失敗に対する恐怖心がないからです。

挑戦して失敗し学び、知識を増やして成長するという人間の本質はいくつになっても変わりません。アクションが増えれば、失敗の総量が増えるのは当たり前で、知識が増えれば、賢くなっていくのも当たり前。

チャレンジを阻む記憶を、リフレーミングしてしまいましょう。

POINT

解釈の種類を持つことで心の平穏を保つ

自分中心で考える
人間関係を
低ストレスにするコツ

Chapter 2

TIPS 1

会社は組織の理論で動くことを知っておく

職場の人間関係は会社の理論にのっとっている

仕事で心が疲れる理由として、最も多くの方が口にするのが、職場の人間関係です。職場の人間関係が理由で退職、転職を決意する人も少なくありません。実際ここ十数年もの間、退職、転職の理由として上位を占め続けています。

なぜ、職場の人間関係に多くの人が悩むのでしょうか。それは、職場の人間関係の軸ともいえる会社という組織が回る理由を知らないまま、会社生活を送っている人がとても多いからだと、僕は考えています。

会社組織はチームで役割分担して動いていくものであり、ビジネスはスポーツと同じようにルールの中で戦います。

サッカーであれば、キーパーがゴールを守りフォワードが点数を決めるために相手の陣地に攻め入ることでチームが運営されます。もし、キーパーゴールがゴール守ることなくグラウンドを自由に走り回ってしまったら、そのチームは崩壊してしまうでしょう。その結果、チームのことを考えず、自分のやりたいことを優先し、本来与えられた役割を超えてプレーする人となんて同じチームで戦えないと、人間関係にひずみが生じるのは、当然です。

組織として正しくあることで、最低限の人間関係が築かれます。そのうえで、より強い信頼などが生まれ、繋がりや絆ができていくのです。つまり、組織のルールが守れない人とは上手に付き合うことも難しいということなのです。

自分の立ち位置がわかれば、ルールにのっとった立ち居振る舞いができる

あなたは今いる組織で、どういうルールにおいて、自分がどのポジションを任されたプレイヤーなのか、正確に把握できていますか？

感覚で考えると失敗してしまいかねないので、まず、会社の組織図をチェックしましょう。

組織図を見れば、自分がどの範囲の仕事を担っているのか、自分の仕事の最終決定権を誰が持っているのかがわかります。一度、把握しておけば、どこに話を持っていけば、仕事がスムーズに進むのかも判断できるようになります。

上司や先輩は、あなたと同じ一ビジネスプレイヤーです。

あなたを指導し育ててくれるのは親心からではなく、仕事を円滑に回すためだということも、あらためて自覚しておきましょう。**役割から出る指導の言葉は、個人の人間性から発した言葉とイコールではありません。**

指導されて自信を失い「仕事が嫌になった」という人が多くいます。ですが、上司や先輩がうるさいことを言ってくるのは、警察が取り締まる役割であるのと同じで、指導をしなければならない立場であるというだけです。

これを理解していないと、指導を受けるたびに傷つき、「きっと自分は上司から嫌われているのだ」と思い込み、顔を合わせるだけで緊張したり、疲れたりしてしまいます。上司の前で萎縮してしまうのでは、せっかく教えてくれている改善点も耳に入らずもったいないです。

年功序列がなくなりつつあり、多様性を重視する時代になった結果、年齢や在籍年数に関係なくチームを組むことが増えています。自分より役職が下だったはずの人が上司になったり、自分の管理下に先輩がついたりするケースもあります。また、チームで働くには、誰かが司令塔にならなければなりません。指導する役割は、いつかあなたに回ってくるかもしれません。

でもその関係性は、あくまで就業時間中だけのもの。組織では上の立場になるほど、個人の人間性以上に、役割からの言動が増えていきます。

役割と人間性を繋げてしまう癖があれば、今すぐやめましょう。

役割が全うできている人ほど、素敵な人かもしれません。

POINT 会社での人間性は必ずしもその人本来の人間性とは限らない

TIPS

2

良好な人間関係のために「自己理解」を深める

他人の前に自分のことを知る

良好な人間関係をつくるファーストステップは、自己理解です。自己理解というと「自分の得意分野」「自分の強み」など、よい面を深掘りしたくなりますが、良好な人間関係をつくるならその逆。自分ができないことこそ、把握しましょう。

取り組んでいる業務の経験が浅いと「できる」「できない」のジャッジをするのは難しいですし、「時間をかけたらできるかもしれない」という、自分への期待で仕事を安請け合いしかねません。

仕事を断れないいちばんの理由は「もっとできると思ったけど、意外とそうでもなかった」と周囲に失望されることへの不安です。

僕は、ある時から「できないこと」を周囲に伝えるようにしました。

そもそもどんな仕事も100パーセントこなせる人なんて存在しません。

仮に何もかもできる優秀な人がいたとしても、その人にすべてを任せていたら、その人は潰れてしまうでしょうし、結局、組織自体もうまく動きません。

どんな人にも、得意不得意はあります。それを補って、チームで仕事を進めていくのが組織の理論であることを忘れないでください。

特に学歴が高い人やスポーツでいい記録を残した人など、何らかの分野で好成績を収めた成功体験がある人は注意が必要です。

周囲から「あいつは有能だから、仕事もできるに違いない」という根拠なき期待がかかり、本人も、何かを成し遂げたという自負があり、努力の価値をよく知っているので、苦手なことを割り振られても、全力でそれを成し遂げようとしてしまうのです。

でもこの時に闇雲に努力して、失敗したり、思うような成果が出せなかったりしても、後になって「この仕事はやっぱり自分に合わないので、別の仕事にチャレンジをさせてくれないか」とは言いにくくなります。

このジレンマを回避するために、僕はどうしても苦手なことへの努力は放棄し、「営業しかできないんで、それ以外の仕事はやらせないでください」と公言しました。

苦手な事務処理などは別の人に任せて、自分が得意な営業に時間が割けるのですから、当然、結果はついてきます。

上司が僕に勝手にかけていた期待も「福山くんって、営業以外はできない人だったな」とコントロールできた結果、僕自身もプレッシャーを感じることが減って働きやすくなりました。

仕事を受ける時、「上司がどう思うか」と相手を起点にすると、自分の得意を伸ばすことができなくなります。適度なプレッシャーは、自分を動かす力になりますが、過度な期待を意識すると体はうまく動かせません。

皆で仕事をしていることを忘れずに判断しましょう。

POINT

組織の中で自分ができること、できないことを明確にしておく

TIPS 3 「ホウレンソウ」で他者の期待をコントロールする

相手の期待に少しずつ触れて慣れておく

上司の期待値をコントロールするには「ホウレンソウ（報告・連絡・相談）」も有効です。

次の例を参考にして考えましょう。

白紙の状態を「0」、完成型を「10」としてここでは解説します。

まず「報告」すべきタイミングは「2」の段階。

資料作りなら、全体のレイアウトやアジェンダ（議題や目次）を決めたあたり。上司としても、気楽に軌道修正を指示しやすいタイミングです。この時点で「ここまで進んでいます。今後もこの方向性で問題ないでしょうか」と確認を行いましょう。

GOサインがもらえたら、いよいよ中身をつくり込みます。「連絡」は全体ボリュームが見えた段階で行います。目安は資料作成の半分です。ここまで終えたら「このくらいまでできました」と見せ、確認してもらいます。

その後、終わりが見えてきたら、「こういう結論で締めようと思いますが、どう思われますか？」と最終の「相談」をします。

これで、ホウレンソウ、一連の動作が終了です。

ホウレンソウはタイミングも大事

「報・連・相は2・5・8のタイミング」と覚えてください。

また報告・連絡・相談という言葉にとらわれず「上司に確認し、意見を聞く」程度の感覚で十分です。

適切なタイミングで連絡するメリットは、上司がこちらの力量や進捗を、常に把握してくれているという点です。

その結果、「できる奴」「できない奴」のどちらの評価になっても、自分の力量を理解してもらえ、上司からの期待値をコントロールできます。

さらに上司の意見が反映された資料は「上司が一緒に作ったものだ」と認識してくれるというオマケ付きです。

成果物への上司の納得度も高まって一石二鳥。

オススメのテクニックです。

POINT

1人で勝手にするのではなく、確認しながら1人で進める

TIPS 4 苦手な人は「気にしない」

苦手な人はいて当たり前

働きにくいと感じる職場には、たいてい人間関係の問題があります。

地球上には80億人の人類が存在し、日本国内だけでも1億2500万人が生きています。これだけいるのですから、相性の悪い人がいて当たり前。ではそんな人と、どう付き合っていったらいいのか？

結論を言います。

「気にしないこと」です。

毎日顔を合わせる人に対して「ウザい」という気持ちを感じてしまうと、それだけで仕事が疲れやすくなります。鉢合わせしないよう、トイレに立つタイミングすら、相手の動向を気にするようになります。その人のことを考えるだけで憂鬱になるなら、そもそも何とも思わない訓練をしましょう。

ところで、人って、何でできていると思いますか？
経験？　会社名？　学歴？　家柄？
いいえ、水とタンパク質です。

人間は体の6～7割が水分で、残りはタンパク質。あなたが今、ウザくてしょうがない上司も先輩も、ただの水とタンパク質です。もちろん細かく言えば、脂肪やミネラルもありますが……、結局は水とタンパク質の塊。
極論を言えば、最後には、同じように焼かれて消えてしまうだけの存在です。

「偉い」人はいない

上司という存在は、組織の中で、たまたま年次が早かっただけの人、または、あなたより早く生まれただけの人です。

上司は「偉い」と錯覚しますが、本当はそうでもないのです。事業のフェーズにおいて、入社が早ければ多くの経験を持つことになります。その会社のやり方を知っている人がマネジメントしたほうが、合理的に意思決定できるだろうというのが、上司に選ばれた理由です。偉いといっても、それはその企業の上層部の立場の人というだけです。

スポーツに置き換えると、より理解しやすいかもしれません。

レギュラーが「偉い」ことはどんなスポーツでもあり得ません。もしレギュラーを「偉い」とするチームがあり、レギュラーを神聖視し、それ以外のプレイヤーは彼らに従わせるような運営をしていたら、それは間違いなく異常な組織構造です。

ただ、頭で理解しても「ウザい」という感情が湧いてしまうのは防ぎようがありません。そこは人と人の相性の問題でしょう。ただ365日、毎日うんざりしていたら、職場にいるだけで疲れてしまいます。

仕事が嫌になった、会社を辞めたいという理由が「上司がウザいから」というだけであれば、もったいないです。そんな時は、「あの人も、水とタンパク質の塊なんだ」と思い出してください。

ただし、上司の側が「自分は偉い人間だ」と勘違いをして、やたらと理不尽に部下に怒鳴り散らすようであればそれは大問題です。

会社としてもその上司に対して対策が必要です。より上の立場の人や、コンプライアンス窓口に相談しましょう。

POINT

常に人は役割分担の中で自分を出している

TIPS 5 変な奴を馬鹿にしない

多様化社会は、社員から始まる

ミーティングの場で、いつも奇抜なアイデアを出しては上司に怒られる同僚や、毎回「こいつがまた余計なことを言うから、議論が長引くんだよな」とうんざりするような同僚はいますか？

こういう人を相手にしなくなるのは、少しもったいないかもしれません。なぜなら違う発想ができる人こそ、成功するケースが高いからです。

過去の偉人で言えば、トーマス・エジソンは小学校の担任教師に「お前の頭は腐っている」と言われたという逸話を持つ変人です。アインシュタインも、発想が独自すぎて周りがなかなかついていけなかったのは有名な話です。でも彼らが成し得たことは、皆さんもご存じの通りです。

ちょっと変わっている人物が職場にいた時、他の人がどんなに馬鹿にしてもあなただけは寛容でいてください。後になって得をする可能性が高いです。


また、変な奴への対応は、自分が先輩や上司の立場になった時こそ、要注意です。

「なんでそうなんですか？」

「その方針に、どうして従わなくてはいけないんですか？」

と素直に口に出してしまう部下は、可愛げがありません。部下ガチャに外れたと、寛容にはなれないでしょう。指導は必要最低限にしておくのが正直、気楽です。

ただ繰り返しますが、こういう人こそ大きなポテンシャルを秘めている可能性があります。これは、「一見、変な奴に見える人には特別な才能がある」という意味ではありません。多くの日本人は、「人と違う」面があると、組織や周囲にアジャストすることをよしとして、なるべく個性を殺そうとしてしまう点に理由があります。

個性を失うと、人の存在価値は薄れます。その他大勢のモブキャラに降格です。

他人と同じことしかできない人材は、後から来る給料の安い若者に席を奪われるし、近い未来、ＡＩに取って代わられるかもしれません。

悪目立ちする社員を馬鹿にするような組織に、明るい未来はありません。

かのスティーブ・ジョブズも、こう言っています。

〝Stay hungry,Stay foolish.（貪欲であれ、愚かであれ）〟

未来の常識は今の非常識

僕は、教育事業に取り組むと決めた時に、その道のトップである福沢諭吉先生をライバルと決めました。

その福沢先生は、中津藩（大分県中津市）の藩士の子として生まれ、19歳の時に長崎で蘭学を学びました。長崎といえば鎖国中の日本で、唯一、西欧に開かれた場所。そこに出入りが許されていた外国はオランダだけでした。時が過ぎ、開国を迎えた日本で「これからオランダ語が必要になる」と考えた福沢先生は、23歳で上京し、中津藩の江戸藩邸で蘭学塾を開きました。そして当時、外国人が多く居留していた横浜を訪れ、大きな衝撃を受けました。横浜で話されていた外国語はオランダ語ではなく、英語だったからです。

現在、国際的に広く通用する言語といえば英語が常識です。でも福沢先生が学んでいた時代、オランダ語こそが、外国人と意思疎通できる唯一の外国語でした。そのため、福沢先生は、とても驚きましたが、さすが先生は、その後、苦心して手に入れた英蘭辞書片手に、独学で英語の習得に努められたそうです。

常識ほど、時代によって変化するものはありません。そして、社会を変える天才は、その時代の常識には合わず、異端視されていることがよくあるのです。

未来の常識は、常に今の非常識。

世界は常に動いているのです。立ち止まったら取り戻すのが大変です。変わることを恐れずに、時代と共に歩みは進めておきましょう。

POINT

変わっていることはいずれ財産になる

TIPS 6

上司の話は顔で聞く

「話を聞いてくれる人」と思われる

組織に所属していると、上司や同僚は一定期間、一緒にいなければならない存在なので、チームの仲間に嫌われる態度を取るのは、賢い選択ではありません。

周囲には「話しかけやすい人」「気持ちよく話を聞いてくれる人」と思ってもらうのが得策です。

特に実践してほしいのが「上司の話を顔で聞く」です。

ムッとした表情や、明らかに集中していない態度で聞いていた部下から、

「ちょっとわからなかったので……」

と質問されたところで、二度同じことを教えてくれるはずがありません。でもしっ

かりと顔を向けて、相手にポジティブな印象を与える顔で話を聞いておけば、後からいくらでも聞き返すことができます。相手を不快にする態度を出さないのは、ビジネスの基本的な作法です。

一度嫌われてしまうと、その後の関係を築くのが難しいのは皆さんご存じの通りです。まずは相手から好印象を持たれたうえで、その人の意見や命令について「聞く」「聞かない」の選択をしましょう。

「上司の話を顔で聞く」を実践すると、上司がコミットしてくれます。平たく言えば、上司に気に入られます。すると、上司側がこちらを融通してくれるチャンスを得られるのです。上司の意見と自分の意見が異なる場合でも、前向きな議論に持ち込めるはずですし、こちらが忙しい時には、様子を見てくれるようになります。

話しやすい人には情報が集まってきます。

将来的には「相談しやすい人」を目指してください。これには、人に聞かれたことに答えを出し続ける能力も必要ですが、最初の一歩は、話しやすい雰囲気をつくる点にあります。

最近はオンライン会議も当たり前になってきました。オンライン会議で、話をちゃんと聞いていると相手に伝えるテクニックは「頷《うなず》く」しぐさです。オンラインでは、音声を出しての相槌は、相手の話を途切れさせてしまったり、画面が切り替わったりするので、ミュートもマナーとされます。だからこそ頷くことで、相手に「この人は聞いてくれているんだ」という印象が伝わります。

ここだけの話、オンライン会議に限っては、頷いてさえいれば仏頂面でも構わないくらいです。

表情を意識するだけで相手の心が変わる

メラビアンの法則、または3Vの法則というものがあります。

新人研修や就職セミナーでは鉄板コンテンツなので、聞いたことがある人も多いでしょう。アメリカの心理学者、アルバート・メラビアンの名前が取られた法則で「人は目から受け取る印象がいちばん大きい」というものです。

仕事をうまく回していくには、上司のウケが悪いのは何かと面倒です。自分の表情を意識するだけで、ウケは変わります。

・ウケが良い表情……口角を上げる。穏やかな笑顔に見え、相手を安心させる
・ウケが悪い表情……無表情。何を考えているか相手がわかりづらいため、不信感を抱かせてしまう

日本では、相手の気持ちを読み取ることが美徳とされているため、表情は強いメッセージになります。働きやすい環境を手に入れるべく、表情に意識を向けてコントロールしていきましょう。

POINT
大切なのは意味より感情。
自分の表情は相手に対する最大のメッセージになる

TIPS 7

SNSはマーケティングツールと割り切る

SNSはつくられた世界であると理解する

SNSが当たり前の時代、皆さんも活用していることでしょう。実はこのSNSは、心をムダに疲れさせるツールです。SNSを重要視しすぎず、あくまで「マーケティングツール」として割り切り、目的に即した活用をしましょう。

10〜20代は休日になると、1日に100分以上SNSを見ているという調査報告があります。(「令和3年度情報通信メディアの利用時間と情報行動に関する調査報告書」令和4年8月　参考　※動画投稿・共有サービス含む)。人間は、接している時間が長いものを「自分の世界」と認識します。

僕が若い頃、それはテレビでした。テレビはエンターテイメントが中心です。その世界に出てくる人たちを、自分はよく知っていますが、それでも彼らとは距離感があり、「自分との生活とは交わらない世界に住んでいる」と幼い頃から感覚的に理解できました。

完全な視聴者だったテレビとは違い、SNSは自分自身もその中に一アカウントとして身を置いています。だから、現実社会と混同してしまうのです。

ですが、SNSは利用者が発信したいことを書き込む場です。そこには、意思もあれば、見栄もあります。つくられた世界であることを理解し、心を揺さぶられないようにしましょう。

SNSはあくまでも、ビジネスツールとして使う

仕事の内容によっては、SNSをしっかり活用していかなければならない人もいるでしょう。

特にFacebookやLinkedInなどは、ビジネスSNSとして、多くの人に活用され、

効果も高いとされているため、完全にＳＮＳを切り離すことはできません。ビジネスリア充にとって都合のよい場所ともいえます。

日々チェックしたり、書き込んだりしなくてはならない場合は、心をムダに疲れさせないために、次のような自分ルールを決めて、心静かにチェックするといいでしょう。

・利害関係者の投稿には、とりあえず「いいね」をしておくだけにする
・ビジネスアカウントとプライベートアカウントを分ける
・プライベートアカウントは非公開（または承認制にする）
・そもそも使わない

それでも、感情がざわついてしまうこともあるはずです。その時は、感情に振り回されることなく、できるだけ早く第１章で紹介したビジネスマインドフルネスを活用してください。

POINT

ＳＮＳはマーケティングツールと割り切ること

思い込みを外すと
不安も消える
不安にならないコツ

Chapter

3

TIPS 1

不安から逃げるとさらに不安になる

損をしたくない

経験のない新しい仕事をやってみないか、と上司に声をかけられた時、あなたはどうしますか?

うまくいくかどうかわからないけれど、引き受けますか?

うまくいくかどうかわからないから、断りますか?

経験のない仕事をする時に、不安にならない人はいないでしょう。

さらに、上司からの話ですから、NOとは言いにくい。でも、仕事を請け負ったもののの「期待に応えられなかったらどうしよう」という不安も重なります。

人は「得した」うれしさよりも、「損した」ガッカリを強く感じる性質があり、無意識にガッカリを避けようとする傾向があります（行動経済学で「プロスペクト理論」と呼ばれています）。

この性質とも相まって、「うまくいくかどうかもわからない仕事を引き受けて、評価が下がったら損だし」と断るという判断をしたくなる気持ちはよくわかります。でも、こういう時は仕事を引き受けたほうが得策です。なぜなら、仕事を断ってもまた、「断ってしまったけれど、上司はどう思っただろうか？　断ったことで評価が下がってしまうのではないか？」、または、代わりに引き受けた同僚がうまく仕事を進めようものなら「自分だけ置いていかれるのではないか？　やっぱり引き受けるべきだったのではないか？」などと、違う不安に襲われるからです。

可能性のある不安を選ぶ

不安から逃げると、またそこから不安が生まれます。

不安なことに立ち向かったからといって、不安がなくなることはありませんが、解消されることはあります。

特に今回のような、上司から声をかけられたような場合は、不安であっても仕事を引き受けたほうが得策です。不慣れな人に仕事を依頼する時点で、上司は「できなくて当たり前」と織り込み済みだからです。

何かあればカバーするつもりですし、あなたの相談にも対応するつもりで、あなたに仕事を担当してほしいと思って声をかけています。それが上司の役割です。そのため、上司からの依頼ごとを快く引き受けて成果を出せなくても、上司があなたへの信頼を失うことはありません。

断っても不安、引き受けても不安。そんな時は、前に進むほうが「得した感」を得られる可能性が高いです。

配慮で不安が減る環境を整える

上司から引き受けた仕事を進めるにあたって、不安は少しでも減らしておきたいことでしょう。

まずお伝えしたいのが、仕事は「助けてもらえて当然」ではありません。さらに、あなたを助けるためというより、組織として進めるべき仕事であり、あなたにも成長してほしいからフォローに入ってくれるのです。

それを踏まえ、相談したい時、何かトラブルが起きた時にスムーズに対応してもらえるような状況をつくっておくことが必要であり、礼儀です。

できるだけ、周囲にわかりやすくあなたの状況がどんなことに取り掛かっているのか、どんな挑戦をしているのか、締め切りなどのスケジュールを共有しておき、カバーしてもらいやすい環境をつくっておきましょう。

万が一、急な事故や病気であなたが仕事から離脱することになっても、顧客に迷惑をかけずにすみ、あなた自身もしっかり回復するまで療養できます。

仕事は1人ではできない分、周りへの配慮が必要です。そうすることで、巡り巡って自分を守ってくれ、不安も減るのです。

POINT

何があっても大丈夫という状態が不安を減らす

TIPS 2

前倒し思考で不安をシャットアウト

わからない状態をつくらない

不安を取り除くには「前倒し思考」が有効です。

前倒し思考とは、これから発生するタスクを前倒しして達成しておくことで、いざその時が訪れても、一歩優位に立つことができるという考え方です。

わからないから不安になるのです。仕事も前もって準備をしておくと、不安は簡単に取り除けます。

問題は、何を前倒しするか。

学校なら、次に学ぶカリキュラムが明確なので、教科書の次の項目を予習すればいいなど、シンプルに見通しがつくのですが、仕事となるとそうもいきません。

仕事における前倒し思考は、大きく次の2つで考えます。

1 次に担当する仕事が明確にわかっている時は、その準備

今手掛けている仕事が終わったら、次にどんな仕事を担当するか、仕事の内容までは固まっていなくても、担当する取引先、商品などがわかっている場合は、その仕事で必要なことを考え、取引先や商品について予習しておきましょう。

似たケースの過去事例を調べ、どういう対応が望まれるのかを学び、シミュレーションしておくのもオススメです。

2 ビジネスパーソンとして必要な知識、スキルの習得

組織で仕事をする以上、常に、様々な案件が動いているため、次に担当する仕事が決まっているわけではありません。

こういう時は、こうありたいと思うビジネスパーソンとしての、習得しておいたほうがよいであろう知識、スキルを学びましょう。ビジネス書を読んだり、今後必要になりそうな資格の勉強をしたり。何から手をつければいいのか、見当が

つかない時は、上司に今後、何が必要となるか、また、どんなことが役に立ったかを尋ねるのも有効です。

また、こういう人になりたいという目標がある場合は、その目標としている人が何を身につけているかを調べておき、1つずつ身につけていくのもいいでしょう。

前倒し思考をしておけば、ある程度の知識を持って仕事に臨むことができるので、漠然とした不安にさいなまれることなく、勉強をしたという少しの自信と余裕を持って新しい仕事に取り組めます。

今の自分ではなく、未来の自分で考える

以前、若い頃からドラマや映画で主役を務めてきた俳優Aさんのインタビュー記事を読んだことがあります。

Aさんは40代になり、はじめて時代劇の脇役で映画に出ることになりました。彼は

仕事の依頼を受け、乗馬を習い、殺陣《たて》を習い、彼なりに時間をかけて準備をして撮影現場に入ったのですが、その映画で主役を務める俳優Bさんと相対するなり「敵わない」と瞬時に思ったそうです。主役のBさんは彼より年下で、俳優業の経歴も短く、さらには多忙で準備の時間が取れなかったはずなのですが、身のこなし、たたずまいが素晴らしかったと。

聞くとBさんは、いつか時代劇をすることもあるだろうと、若い頃から休みの日を活用しては乗馬や殺陣を学んでいたのだそうです。だから、準備期間がさほど取れなくても不安に押し潰されることなく、主役としての仕事を見事にやり切れたのです。

Aさんは、Bさんとの仕事以降、依頼を受けてから準備をするのではなく、どんな仕事が来ても対応できるような俳優になろうと前倒し思考でオフの時間を準備にあてたところ、これまで出会わなかった役や人々との素敵な仕事の依頼が増えたと言います。

前倒し思考をすることで、周りの評価も変わってくるのです。

POINT

先手を打つことで、未来の自分も守ることができる

TIPS 3

自分1人で解決できると思わない

周りの人の力を借りるのも仕事

前倒し思考のヒントを探す時に、忘れてはいけないのが人脈です。前倒しということは、経験のないことについて考え、想像し、行動することになります。

何をすればいいかのヒントは、必ずしも自分の中にあるとは限りません。考える手立てが思い浮かばない時は、自分以外で答えを探します。

社内の人でも社外の人でも構わないので、自分と同じような立場にいる人や、同じ業界、同じ職種で自分より先を歩んでいる人を探し出し、これまで何をしてきたのかを聞いてみましょう。

「先輩が今、私の立場だったらどうしますか？」

シンプルにこれだけでＯＫです。

カギとなるのが「私の立場だったら」のひと言です。立場が違うと見えている事実と解釈が異なるので、あくまであなたと「同じ立場・状況」とすることで、地に足のついた現実的なアドバイスをもらえる確率が高まります。

先輩もあなたの成長がうれしいので、いろいろ考えてくれるはずです。ぜひ、参考にして、どんどん聞いてみるといいでしょう。

人の力を借りた経験も前倒し思考

自分の手には負えないのでは……と不安になるような、大変な課題が回ってきた時こそ、「前倒し思考」が役立ちます。

経験のない難しい仕事を担当するとなると、不安がついて回ることでしょう。

僕自身、20代でとある会社の経営を任された時は、非常に大変で、毎日つらい気持ちでいました。はじめてのことばかりなので、ネットで調べて学ぼうとしても、答えが見つからない。いつも「どうすればいいのだろう」と悩みながら、探り探り1つひとつ進むしかありませんでした。先輩経営者にアドバイスを求めたことも一度や二度ではありません。どうにか成し遂げることはできましたが、今振り返っても苦しい日々でした。

そして数年後、当時の10倍以上の規模の会社の経営をすることになりました。この時、20代での経験がとても役に立ちました。

たくさんの先輩に教えてもらったことが、結果として、前倒し思考となったのです。

あの頃、1人でやっていたら、今の私はなかったでしょう。

POINT

困難は先に体験すると、あとから楽になる

せ、先輩が今の私の
立場だったら
どうしますか？
私だったら？
そーねー
あーしたり
こーしたり
とか？

COLUMN 2

転職活動も前倒し思考がオススメ

転職したい場合も、前倒し思考がオススメです。

最近、副業ＯＫの会社が増えてきました。ご自身の会社のルールを確認したうえで、就職したい業界や企業のアルバイトに応募し、いち早く実務に触れてしまいましょう。

いきなり起業、いきなり転職ではなく、今の状態のまま、予習だけしてしまうのです。

仕事は、外から見ているのと、実際に働くのとでは、イメージが大きく変わることが少なくありません。

副業することによって職場の人間関係やルールを誰よりも早く学ぶことができます。

転職は、人生において大きな決意を必要とするものの1つです。前倒し思考で体験すれば、「こんなはずじゃなかった」と転職してしまった後に後悔する事態を避けることができます。

私はこのような情報の先取りを、「フライング」と言っています。

この「フライング」は、様々なシーンで使えます。

ダブルスクールを考えている人は、体験入学を活用したり、実際に通っている人のコメントをチェックしてから決めるといいでしょう。

なかなか失敗できない選択をしなくてはならない時ほど「フライング」はオススメです。

TIPS 4

カンニングでセンスを磨く

「最適解」はストックが多いほど出しやすい

学生時代、カンニングはルール違反、停学や退学といった重い処分が下されることもあったかもしれません。

ですが、ビジネスの場合、カンニングはルール違反ではありません。

もちろん、他人の考えた企画を自分のものとして発表するのはダメ、それはただの盗作、犯罪行為です。

カンニングするのは、ビジネスの「センス」です。

ビジネスには知識だけではなく、センスが必要になります。ビジネスセンスは、能力というより感覚になるため、テキストなどを読んで学ぶより、実践で「こういう時は「こう考えればいいのか」「こういう時は、こういうやり方がよいのか」などと、体感、経験によって覚えていくほうが身につくからです。

ビジネスに必要なセンスとは、具体的にいうと次の2つです。

1　手法

仕事は、技術や知識を持っているだけでは、うまくいきません。

「こういう課題に対しては、どういうテクニックを使うとよいか」「こういう場合は、こう対処するとよい」などと、状況とテクニックや知識を組み合わせて形にしていくことが求められます。

そこには、発想力とセンスが必要です。書籍やテキスト、研修などでも学ぶことはできますが、ビジネスは相手も様々であり、状況も刻一刻と変わります。そのため、現場で上司や先輩の対応をカンニングするほうが、力が身につきます。

2　考え方（立ち居振る舞い方）

物事の微妙なニュアンスを感じとる能力や感覚は、観察してカンニングするのが最も身につきます。

「どうしたら、周りから認めてもらえるのか」「どうしたら、好かれるか」について思い悩むくらいなら、「こんな人になりたいな」「この人のような評価を得たい」、そう思える上司や先輩の立ち居振る舞いを、どんどんカンニングしてマネしていくといいでしょう。すでに認められている人の考え方や行動が、その答えだからです。

なお、属する組織や場によって、文化が変わるため、評価される考え方や行動も変わります。部署異動や、転職をした時は、その組織の文化を知るためにもカンニングしてみるといいでしょう。

「最適解」はストックが多いほど出しやすい

人のマネをすると、その人の考え方がトレースできるため、ビジネスセンスを磨くことになります。有名な経営者たちがぶつかった壁をどう乗り越えたかという本を読んで、対処法を学ぶのも言ってみればカンニングです。

カンニングのコツは、成功している事例を自分の仕事に落とし込み、適したものにすることです。

ビジネスの解は1つではありません。

その都度悩み、ゼロから考え出すのは大変です。多くの引き出しを持ち、よりよい「最適解」を出すことができる状態にしておくと、組み合わせを考えるだけですむので、負担が減ります。

ただし、流行の服を手に入れても、どうやって着こなすかはあなた次第であるように、ビジネスも手法や考え方を身につけても、使いこなすのはあなたです。

カンニングするだけでは、「あなたらしさ」は出せません。身につけた手法や考え方を自分で実際にやってみると、何かしらの発見があります。その発見があなたらしさに繋がります。

先輩たちからカンニングし、自分のものにしてしまいましょう。

POINT

積極的にカンニングをして、ビジネスセンスを自分のものにする

TIPS 5 とりあえず手をつける

仕事をこなすスピードは評価に関係ない

仕事が速い人、仕事が遅い人、という表現があります。

仕事の「速さ」とは、着手の早さです。

仕事を片づけるスピードは、着手をいかに早くできたかに比例します。

僕は周りから「仕事が速い」という評価を受けることがあるのですが、PCのタイピングも遅いし、必ず一度はノートに書いて整理しないとダメなタイプです。それなのに「速い」と言ってもらえるのは、必要なタイミングで必要な仕事を終えておくことができているからだろうなと分析しています。

「仕事が遅い」の定義は「締め切りに遅れる」です。

つまり、途中の仕事をこなすスピードは本来あまり関係がなく、期日を守ることさえ死守できれば十分なのです。

実際、「仕事が遅いので不安です」と悩んでいる人の話を聞くと、ほとんどの人が仕事への着手が遅いのです。

仕事が遅いと自覚している人は、いつもより早め早めに動くだけで改善されます。迷った時、困った時に誰かに相談する時間の余裕も生まれます。

先に全体感がわかっていれば終えるタイミングを決められる

登山をする際は、登る前に道筋を見て、休む場所もしっかり決めて進むのが安全です。登山中も、道を知っていることで不安も減ります。

仕事も同じです。とりあえず手をつけることで全体感がわかり、どのように進めればいいか計画が立てられます。この時点でわからないこと、不明確なことは、上司に相談して潰しておけますし、「問題が起こるとしたらここかな」といった想定ができます。

上司の確認が必要なのに、そのタイミングで出張していて間に合わないなど、想定外のトラブルでスケジュール変更が余儀なくされるといった事態も起こりにくくなり、周りに迷惑をかけたり、叱られたりすることもなくなります。

そして何より、はじめに様々な想定をしておけば、漠然とした不安を抱かずにすみます。

最初に仕事の全容をつかんでおくことで、心の準備ができ、疲れなくなるのです。

その仕事との相性を見極めることができる

とりあえず手をつけることのメリットは、もう1つあります。

それは、その仕事と自分の相性を見極められることです。

同じ作業であっても、関わる人が変われば、仕事の進め方が違ったり、指示の仕方が変わったりと、些細《ささい》であっても何かしら違いがあるものです。とりあえず手をつけることで、その仕事と自分の相性、感覚がわかります。

PC作業のスピードには自信があるからと、締め切りギリギリまで手をつけずにいたら、「指示書がわかりにくくて、その情報整理に時間がとられ、期日に間に合わなかった」「上司に相談するのが遅れ、対応が遅くなり、仕事の納品が遅れてしまった」なんてことも起こり得ます。

場合によっては、相手の仕事の仕方に合わせる必要もあります。

その仕事とどうやって向き合うか、判断する。

このひと手間が、心を楽にしてくれるのです。

POINT

着手が早いほど、あとあと楽になる

TIPS 6

ワンアクション・マルチプットを狙う

インプット・アウトプット・アクション

ビジネスの基本動作は、アウトプットとアクションです。

これによって目的・目標の達成に向けて現実に影響を与え、変化を起こすことが求められます。社会人になりたての頃は、教えてもらうことが多く「インプット（学び）」に時間を割くことができますが、2年目、3年目と勤務年数を重ねるほどに、インプットの時間を業務時間中に得ることはなかなかできません。

自主的に知識を獲得し続ける必要があります。

しかし、毎日忙しくてそれどころではないというのが現実でしょう。日々の業務をこなしていく中で、仕事の質を高めていくことが理想です。

仕事の質を高めるには、自身の仕事ぶりを振り返る時間をとることです。

基本的なことですが、実践・反省・改善を繰り返すほかに仕事のスキルが高まることはありません。

ところが忙しかったり、心が疲れていたりすると、振り返りの時間を取るのが難しいものです。

では、どうしたら振り返りの時間を捻出できるのか。それは、同じ業務を自動化させることです。

僕はこれを「ワンアクション・マルチプット」と呼んでいます。

ワンアクション：1回の動作を、マルチ：複数箇所に向けて、アウトプット：出力させることが、業務の自動化につながります。

たとえば、次のようなものです。

・業務マニュアルをつくる（同じ説明を何度もしないようになる）

・上司からの説明を録画する（上司とのやりとりを最小回数にとどめる）
・業務日報をWeb上に残す（上司からのフィードバックをもらえるようにする）
・文章のテンプレートをメモ帳に保存する（毎回文章を考えないようにする）

同じ業務の繰り返しをなくし、考える時間を捻出することで、次なる仕事への準備・対策が叶います。

POINT

アウトプットは再活用を前提につくると、あとあと楽になる

COLUMN 3

得意な仕事で人から頼られる人になる

仕事をお願いするのに「あの人なら頼みやすい」という人がいますよね。

仕事ぶりにいつも余裕があるとか、やさしいから引き受けてくれそうとか、「この仕事ならあの人が得意だ」とか、理由は様々でしょうが、ぜひ、そういう存在を目指しましょう。

自分の得意領域を伸ばして、困った時に「これならあの人に相談しよう」と思い浮かべてもらえる存在になるとメリットが様々あります。

人の仕事を手伝えば、自分の仕事を手伝ってもらいやすくなりますし、それが得意分野なら、好きなこと、楽しいことが仕事になり、感謝されることにもなります。

また、頼まれたり相談されたりする人には、自然と情報が集まってきます。

自分から情報収集をしなくていいので、心も体も楽になりますよ。

モチベーションは
自分で動かす
モチベーションを
下げないコツ

Chapter

4

TIPS 1 モチベーションは上げ下げしすぎない

モチベーションのバランスを意識する

心を疲れさせないように働くには、気持ちをニュートラルに保つのが一番です。

特にモチベーションは上げすぎたり、下げすぎたりしないことです。

「人は感情の生き物である」と先ほどもお話ししましたが、感情が行動の原動力になるため、「頑張ろう」とか「よし、やろう」というモチベーションがあるのは素敵なことです。

ただ、バランスが必要です。

モチベーションが上がるということは、平常時とは違う精神状態になっているということです。

当然、モチベーションが上がりっぱなしだと疲れてしまいますので、いずれ、平常心に戻ります。つまり、必要以上にモチベーションを上げすぎてしまうと、ニュートラルに戻る＝モチベーションが下がることになり、上がれば上がるほどその度合いが増え、心に負担がかかります。

また、一度、モチベーションが下がってしまうとなかなか前向きになれないことから、ニュートラルの状態にする（上げる）のに相当のパワーが必要になります。

モチベーションが下がる時は、調節が難しいかもしれませんが、モチベーションを上げる時は、上げすぎないように意識しましょう。

モチベーションのコントロールの仕方

心が疲れないように、モチベーションを上げすぎないと言われても、どう調整すればいいかわからないかもしれません。ここでは実際に僕自身が行っているモチベーションコントロールの作法をご紹介します。

ポイントは「上下」ではなく「遠近」を使い分けることです。

・遠くの目標を追いかける

理想の未来と今の仕事を紐づける（意味付けをする）方法です。モチベーションを安定させたい時に有効です。直近ではなく、1、2年後など少し先の未来を設定することがポイントです。1、2年後でも高すぎる目標の場合は10～20年後などに設定することで、今の業務の意義を深く問うことができるため、その後迷いがなくなります。たとえば「いつか起業したい」「いつか田舎で暮らしたい」でもOKです。

・近くのタスクに追われてみる

期日が迫っていて、やらないといけないタスクに集中する方法です。主にモチベーションが下がっている際に有効です。手を動かしながら考えると、悩みの優先度が下がります。先のことを考えて不安になる時などは、目の前のタスクに全集中するという方法が有効です。ビジネスにおいて中長期の目標がなかなか立てづらい方などは目標を近くに置くことをオススメします。

ビジョンなどは設定せず、とりあえず「近くのタスクに追われてみる」うちに、ランナーズハイ（走っている最中や、走った後に訪れる多幸感）の状態に自分の意識をもっていってしまうのです。

ランナーズハイには、脳内物質が関係していると考えられており、集中して仕事をしている時も、同様に「ワーカーズハイ」の状態が訪れ、モチベーションを自動的に上げることができます。

病気までいかないような、バイオリズムなどの影響による体の不調でモチベーションが上がらない時は、どちらかというと「近くのタスクに追われてみる」方式を使うと、比較的楽に調子を取り戻すことができます。

POINT

目標を遠近させることでモチベーションをコントロールする

TIPS 2

オフではなくスリープモードにする

オフにしない方が省エネになる

世の中には、常にモチベーションを高く保ち続けている人がいます。

そんな人はいつも結果を出し続け、朝から晩まで、休みの日でも関係なく仕事をしているように見えます。

「理想のビジネスをするには、あんなに頑張らなくてはならないのか」と、考えるだけで疲れてしまいますが、彼らは「苦しいけど、頑張って仕事をしている」わけではありません。

僕もそのタイプです。家庭もありますし、趣味もありますから、仕事しかしていないわけではありません。でも、様々なワークを楽しみながら、ビジネスも楽しんでいます。土日も関係ありません。

なぜ、そんなことができるのか。

それは、ビジネスのスイッチを完全オフにはしていないからです。

パフォーマンスを上げるには、仕事のスイッチを持ち、オン・オフを明確にすべきだとよく言われます。

もちろん、この考え方も有効です。

ただ、しっかりオフを堪能したら、高いパフォーマンスを発揮するオンの状態まで持っていくのに、それなりの時間と気持ちが必要です。日々の仕事で、それを行うのは大変です。

そこで僕は、毎日仕事を終えたら、スイッチをオフにするのではなく、スリープモードに切り替えます。

PCの起動をイメージしていただくといいでしょう。シャットダウン状態より、スリープモードにしておいたほうが、スムーズに作業へと移行できます。

毎朝、仕事モードに入るのが億劫だという人は、スイッチを完全オフにしてしまっているためにオンになるまで時間がかかってしまうのかもしれません。このスイッチは、オン・オフを繰り返すほうが、疲れを感じるからです。

僕は土日も含めて「休み」を取りません。丸1日休むと仕事の感覚が狂い、最悪の場合、それを忘れてしまい、思い出すことに膨大なエネルギーを消費してしまうからです。でも、それは「休んでいない」わけではないのです。

スリープモードはメリットだらけ

スリープモードとは、仕事の手を止めてはいるものの、完全に寝てしまっているわけではない状態です。そのため、仕事以外のことをしている時に、ふとしたタイミングで仕事に役立つ何かが起きたら、対応すべくビジネスモードに入れるのです。テレビやネットで有益となる情報に出合った時、それを逃さず反応できます。

「今はオフの時間だからいいか」とか「オフの時間まで仕事のことを考えたくない」などと切り捨てていなければOKです。

先ほど僕は、土日も含めて「休み」を取らないと言いました。その代わり、「休む時間」を最大限にすると決めています。「今日は残業をしない」など、時間の制御をしたり、家族と過ごすことを堪能する時間を積極的につくったり。スリープモードにしていれば、いつでもビジネスワークのスイッチがオンにできるため、休む時間をムリなく確保することができます。

また、ファミリー&フレンドワークやライフワークなど、ワークを切り替えながら過ごすと、頭の中で使う筋肉が変わり、脳を効率よくリフレッシュさせられます。さらに、僕は毎週1回、学校に教えに行っているので、その時間は仕事のことをほとんど考えずに過ごすことができています。

それだけで、お得な情報は逃さずにすみ、オンオフの落差が減り、休日明けや毎朝の憂鬱を減らせます。スリープモードを上手に使うと多彩なワークをすることができるのもメリットです。

POINT 切り替えが激しくないほうが心は穏やかにいられる

TIPS 3

無意識をコントロールする

認知バイアスを逆活用する

人は「言葉にすると、その言葉にとらわれてしまう」という性質があります。「思考の罠」または「認知バイアス」と呼ばれるものです。最近、様々なメディアで「認知バイアス」が取り上げられているので、ご存じの方もいるかもしれませんね。

言葉のマジックのようになりますが、先ほど、気持ちをニュートラルに保つことが大事だとお話ししました。そのため、今、あなたは「気持ちをニュートラルに保つ」ことを意識せざるを得なくなっています。

この「意識せざるを得ない状態」も心が疲れる要因となります。

ニュートラルな状態、平常心でいるには、究極を言えば、無意識で生きていくのが最も楽で疲れません。

たとえば僕は、毎朝起きたらまず500ミリリットルの水を飲みます。それから歯磨きをして、軽くストレッチをしています。そう言うと、「すごいですね」「気持ちよさそうですね」と言われるので、「おかげで、朝から気持ちよく過ごせます。あなたも明日の朝から同じことをやってみてはいかがですか」とお伝えすると、皆さん、困った顔をされます。

ただでさえ、時間がない朝の時間に新たな工程を入れ込むのは「面倒くさい」ですよね。

ではここで質問です。

毎朝、出勤や登校の準備を「面倒くさい」と感じていますか？　それとも、いつものことだから、特に何も感じずに準備を進めていますか？

おそらく無意識のまま、顔を洗い、歯を磨き……と準備しているのではないでしょうか。

ちなみに、僕の朝の一連の動作は習慣化されており、毎日起きたら無意識のうちに体が勝手に動き、ストレッチまでいつの間にか終えています。そのため、「面倒くさい」と感じることがありません。

無意識が最も楽というわけです。

このような人間の習性を活用し、作業を生活の流れに組み込めば、意識せずとも体がさっさと動くようになります。これが、無意識をコントロールする、ということです。

意識の総量は有限といわれています。朝から仕事をしていたら、1日の意識の総量が枯渇し、夕方には集中力が切れてしまいます。

ですが、仕事でも無意識をコントロールすることで、ムダに心を疲れさせなくてすむようになります。作業のルーティン化も、無意識化の1つです。

自動運転のように、意識と無意識を切り替えながら活動できれば、本当に重要な場面に意識を集中できるというわけです。

ルーティン化は「視座」が大事

無意識をコントロールするには、自分の仕事の状況を正しく冷静に把握することが必要です。

この時、カギになるのが「目線」です。

目に入るものから情報はインプットされます。

自分の目線をどこに置いておくかが、今後のビジネスパーソン人生においても重要なカギになります。

物事を見る目には「視点」「視座」「視野」の3種類があります。

・視点―何を見るか
・視座―どの位置から見るか
・視野―どの範囲を見るか

立場によって、仕事に対する「視点」はかなり違います。経営者である僕は、解決するべき課題を選択し、従業員・ステークホルダーのリソースをとりまとめて、全体の舵取りをする立場です。

大きな会社になればなるほど、トップの舵取りは見えにくくなるので、社員は与えられた目の前の業務をなんとなくこなしていれば、日々が過ぎていくと勘違いしています。

どの組織にも大きな意志をもって、スケジュール通りにプロジェクトを動かしている人が必ずいます。そういう人は、不安の感度が高く、前倒しで準備をし、トラブルが起きたらすぐ舵を切れるよう潮目を読んでいます。

担当の業務が十分できるようになったら、会社全体を眺めて業務を行うことにチャレンジしてみましょう。舵取りをする人と同じ目線で仕事を俯瞰すると、自分の仕事の進め方や意義などを見直すきっかけにもなります。

「立場」「役割」によって、「視座」も「視野」も変わります。1つの事象に対する解釈が異なります。

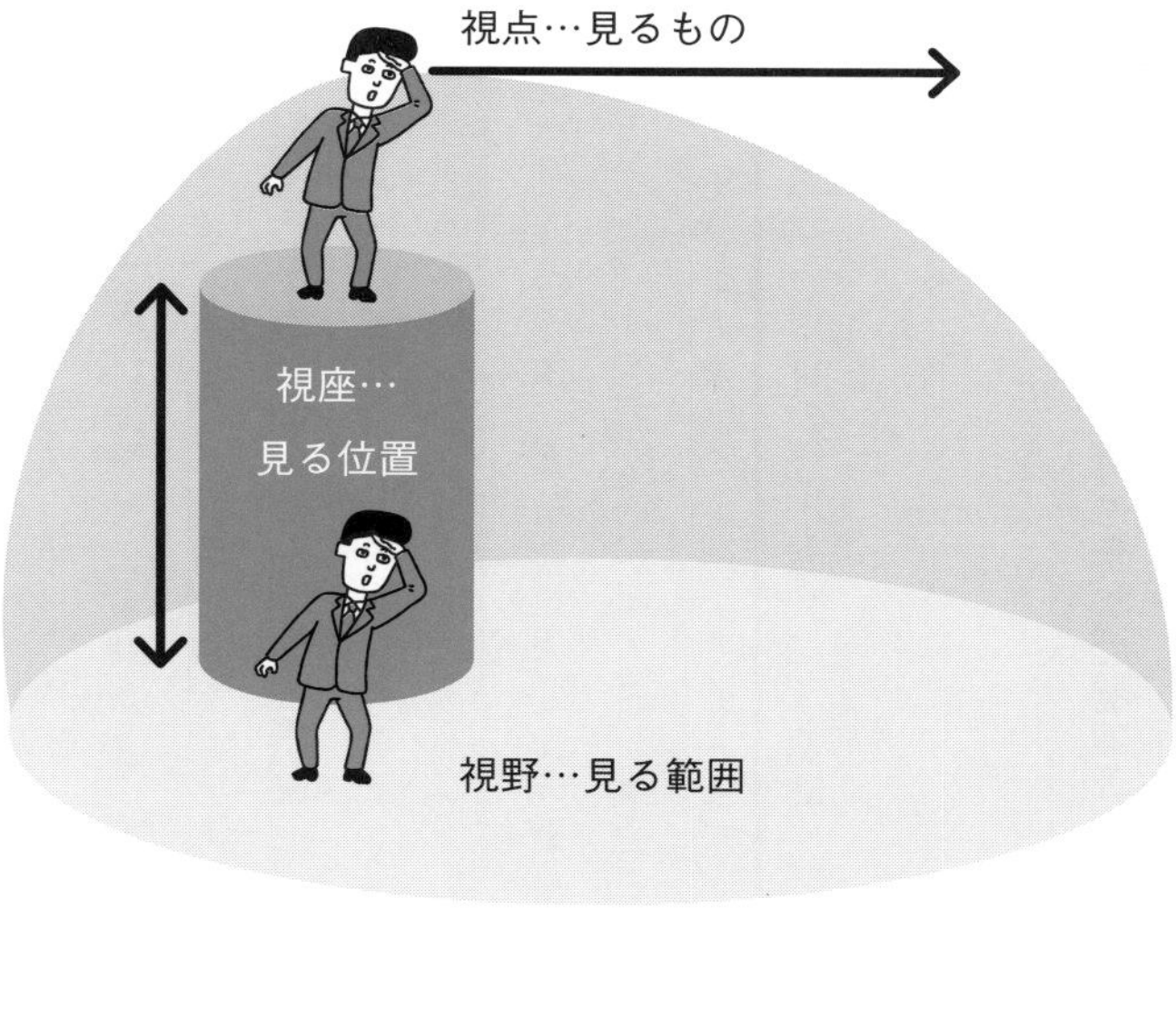
視点…見るもの
視座…
見る位置
視野…見る範囲

たとえば、社員が退職することになった時、同じ立場の社員からすると「残念」に思えることも、経営企画室の視座だと「離職率に変化があった、離職防止策を再考しよう」と捉えるといった感じです。人事部の視座では「その人の退職によって、他の人にどう影響があるか」と捉えるかもしれません。同じ事象でも、それぞれの立場によって解釈が異なるため、その後のアクションも異なります。

自分の立場を超えた視座を想像するのは難しいので、どんな観点で物事を見ているか、上司や取引先の人に聞いてみるとよいかもしれません。彼らと同じ目線で物事を見たり、考えたりできるようになれば、あなたが見ている景色も変わってきます。

一歩先の仕事をする人が増えると、業務に余裕ができます。それは、職場全体の余裕にも繋がっていきます。あなた自身の仕事も楽になるはずです。

POINT 視座の違いを理解すると、相手の気持ちが理解できるようになる

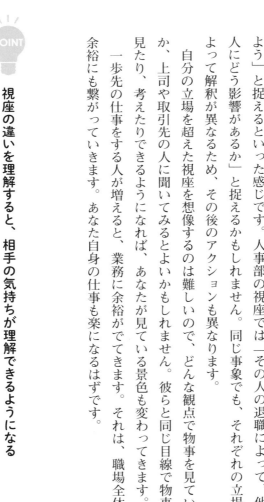

TIPS 4 プライベートは犠牲にしない

「ワーク」＝「仕事」≠「人生」

人生は「仕事」か「プライベート」かの二項対立ではありません。

個人の趣味、家族行事、友人知人との時間、仕事以外の自己研鑽、運動、食事、旅行等、様々な出来事や選択肢があります。

しかし、個人の一生は1つの時間軸しかないのも、また事実です。

時間が有限である中、やるべきことと、やりたいことのバランスの取り方については、学校では教えてもらえません。会社でも教えてくれる人はいないでしょう。なぜなら、答えを持っていないからです。

昨今、「仕事」と「プライベート」をバランスよく両立させることが、なんとなくよいとされています。「ワークライフバランス」という言葉を聞いたことのある人も多いでしょう。

ですが、実際、毎日働いていると、この2つのバランスを取るのは、難易度の高い話です。

僕の結論は、こうです。

若いうちは、極端な時間配分をすることで、どちらかを成立させることをやってみるのが大事。

仕事に励むのでも、プライベートで恋愛に燃えるのでも、趣味に没頭するのでも構いません。

バランスを崩すことを恐れず、「仕事」「プライベート」をそれぞれ何かしらの形で成立させるのです。どちらも成立していないまま、両立できるわけがないからです。

ムリして「頑張る」には限界がある

生きていると、様々なライフステージで、自分にしか解決できない問題があります。

子育て、介護、健康上の理由などがこれに該当します。会社だけでなく、親族や身内に起こる変化が日々の暮らしに影響を与えます。

僕は自分のプライベートを、仕事で犠牲にすることについて疑問を感じています。状況に応じて仕事を選ぶ、プライベートを選ぶ、どちらもあってしかるべきだからです。

家族が病気になった時、家族を大事にすることすらできない仕事であれば、見切ってもいいかもしれません。仕事には替えが利きますが、家族には替えが利かないからです。

プライベートに不安が残ったまま、仕事を優先した頑張りを続けていると、疲れていくだけです。疲れが溜まれば、パフォーマンスも落ちていきます。プライベートを大切にできない環境や自分自身への不満も募るでしょう。

会社内の特別な事情があり納得できている場合は別ですが、納得ができていないいままプライベートを犠牲にしても、結局、仕事のパフォーマンスは上がらないのです。

心に嘘をついても、現実は正直だということです。

自分にとって大事なのは何か

プライベートな問題が起きた時は、あなたにしかできないことは何かを考えましょう。そして、それができる環境を選びましょう。

プライベートを犠牲にしているなと思うのであれば、一度、会話の通じる上司と相談するなどし、今の仕事と自分の想いに目を向けることです。

プライベートの事情で、働く時間などに制限が出ても、

「この会社で仕事を続けたい」

「少ない時間でもっと成果が出るように、レベルを上げたい」

「このビジネスゲームを支配して、自分が成し遂げたい世界に近づける」

という想いがあれば、それは続けるべき仕事です。

反対にプライベートな問題が起きた時、仕事に関する思いが出てこない、仕事に気持ちが入らないようであれば、辞めることも視野に入れて考えるといいでしょう。

仕事は1つではありません。

あなたが夢中になれる仕事は必ずどこかにあるはずです。もちろん、時間が経てば

今の仕事にモチベーションのスイッチが入る瞬間もあるでしょう。

その心境になったら、プライベートを言い訳に、仕事に手を抜くようなことは決してありません。プライベートにも仕事にも全集中で、どちらにも悪影響は出さないようにするはずです。

楽しく、気持ちよく仕事ができる環境を選ぶのは、家族やあなた自身をビジネスの犠牲にしないためにも大事なことです。

POINT

人生の優先順位は上司ではなくあなた自身が決める

TIPS 5 言葉を換えて脳をコントロールする

人は言葉によって変わる

人間は、物事を考える時に言葉を使います。

人間の認知行動の3要素は「知覚」「思考」「動作」です。外界からの刺激を知覚し、脳の中で言葉を使って思考し編集作業を行い、動作としてアウトプットします。

レモンや梅干しを思い浮かべると口の中に唾液が出てきたという経験がある人もいるでしょう。これも脳の中で、過去の情報や経験と照らし合わせ、体が反応したわかりやすい例です。

社会言語学者として著名なスーザン・アーヴィン＝トリップは「マルチリンガル（多

言語話者）は、複数の個性を持つ」という研究報告をしました。

この研究は、日本人対象でも行われました。サンフランシスコに住む日本人女性に、英語と日本語で様々なインタビューをした結果、同じ質問をしても、その人たちがどちらの言語で考えるかによって、回答が異なることを発見したそうです。英語で物事を考えている時は、日本語で考えている時よりもポジティブかつオープンな回答が出たそうです。

日本語でも話す方言で性格が違うという話があります。たとえば、大阪弁を話す人は元気がよく開放的。一方で、東北あたりの方言を話す人は控えめで内向的だとか。

つまり、脳で思い浮かべたり、口に出したりする言葉は、行動や人格に少なからず影響を与えることがわかります。アウトプットは、良い言葉で考えれば良いものになり、悪い言葉で考えると悪いものになるのです。

不安になったら自分にも言葉かけを

普段から口にする言葉から換えていけば、それが思考に繋がって、行動にも反映されていきます。

知人であるAさんの父親の口癖は「最悪」だったそうで、Aさん自身もちょっと嫌なことがあっただけで「最悪だ」と口にしていました。定期入れを忘れただけなのに「最悪だ」、割りばしがうまく割れないだけで「最悪だ」と言ってはその日1日を憂鬱な気分で過ごしていたそうです。

ところがある時、一緒に食事に行った同僚がAさんの割りばしがうまく割れない様子を見て、楽しそうに笑いながら「割りばしが上手に割れるかって、運試しみたいで楽しいですよね」と言ったことで、割りばしがうまく割れないことは「最悪」でも何でもないと知り、それからはどんどん割りばしを割るのが楽しくなったそうです。

さらに「最悪だ」ということで自分が憂鬱になっていたことに気づき、この口グセを意識して止めた結果、人生が大きく変わったのです。


仕事をしていると、誰でも不安になることがあります。

この時、どんな言葉を思い浮かべ、口にするかで、心のあり方が大きく変わります。

「大丈夫、大丈夫」と言いながらチャレンジし続けると、うまくいくような気がしてどんどん進みますし、「大丈夫かな、大丈夫かな」と言いながら進めると、遅々として進みません。

あなたが選ぶ言葉で脳が影響を受け、行動が変わり、結果も変わっていくのです。

〈仕事に効果が高い言葉〉
いいね　最高　大丈夫　素晴らしい　ナイス　逆にいい　今しかない　いい意味で

ポジティブな人間関係をつくる「ありがとう」

ちなみに、言葉で変わるのは、何も自分だけではありません。相手も同じです。「ありがとうございます」を口癖にすると、日常に隠れた「ありがとう」に気づきやすくなります。

感謝されて恥ずかしくなる人はいても、嫌がる人はいません。

たったひと言の「ありがとう」が、自分の周りにポジティブな影響を与えるのですから、言わない手はありません。

私たちはつい、「ありがとう」の代わりに「すみません」という言葉を使いがちです。

たしかに「すみません」は感謝にも使える言葉ですが、「手をわずらわせてしまい、申し訳なかった」というニュアンスが含まれます。「すみません」を使うことは、謝り続けているのとニアリーイコール。

せっかくひと言伝えるのですから、本当の気持ちを伝える言葉を送りましょう。

仕事のちょっとしたお礼も、「すみません」でなく「ありがとう」を積極的に使いましょう。

どの言葉を使うかで、状況は大きく変わります。

どうせ使うなら、相手を、そしてあなた自身をポジティブにする言葉を選び、使いましょう。

POINT

言葉は言霊。少し変えるだけで現実は大きく変わる

自分を知ることで認める
自己肯定感を高めるコツ

Chapter

5

TIPS 1

自分がどんな成分でつくられているかを知る

性格診断で自分を言語化してもらう

突然ですが、あなたは自分のことをどれだけ知っていますか。

日本人は、自己肯定感や自己効力感が低いとよく言われます。実際、学校の生徒や自社の社員のなかにも、「なぜ、こんなに秀でた力、才能があるのに自分を認めないのだろう」と感じる人たちがいます。

思い込みもあると思いますが、自分のことを知らないから客観的に評価できていないように感じます。

まずは、自分のことを知りましょう。

とは言え、自分で自分のことを俯瞰し、客観視するのは、かなり難しいものです。

性格診断のフレームワークやシステムなどを活用することをオススメします。性格診断の多くは「診断結果」と「欠点を補うための処方箋」がセットになっています。風邪をひいた時に、喉に症状があるのか、鼻に症状があるのかで使う薬が変わるように、自分の弱点に対しどんなアプローチをすると有効かについて、統計学的な視点で処方箋を与えてくれます。

僕がよく使うのは「エニアグラム」です。個人の特性を9つのタイプに分類したもので、設問に答えることで自分がどんな性格なのかを診断してくれます。他にも「ストレングス・ファインダー®（クリフトンストレングス®）」「16類型性格診断」や「ソーシャルスタイル診断」など、ネットで簡易版を試すことができます。

性格診断は認識していない、自分の強みや魅力の発見にも繋がるのがメリットです。まず一度、試してみてください（やりすぎると迷いも生じるのでほどほどに）。

自分を成分で見る

性格診断は、自分自身を言葉で把握する作業です。

診断されることによって、自分を冷静に客観的に見ることができます。体調が悪い時に、何の病気かわからないままでいるより、病院で「インフルエンザです」とはっきり診断されたほうが安心するのと似ています。

「たしかに自分には、こういうところがあるよな」とか、「こんな自分、知らなかったけど、言われてみればそういう一面もあるかもしれない」といった発見があったり、「弱みだったことも、表現を変えると、強みにもなるな」など、自分の強みや弱みは、人から言われたほうが認識しやすいものです。

称賛されるべき存在であるとわかるはずです。

分析結果が思っていた自分とかけ離れていたとしても、「そんなはずはない」などと、頭ごなしに否定するだけではもったいないです。少なくとも、これまで多くの人の人生分析をし、一定の支持を得てきた性格分析のシステムでは、あなたのことをそう判断したのは事実です。

先ほども言いましたが、人間の主成分は水とタンパク質。性格の差は、ほんの少しの個体差です。万が一、想定している自分の姿と違っていても、処方箋を使いながら、理想の自分に近づいていけばいいのです。

もしあなたに憧れや目標とする存在がいるのであれば、その人の成分表を作ってみましょう。その人に性格診断をお願いするのが難しければ、「リバースエンジニアリング」を使ってください。

リバースエンジニアリングとは、既にある製品を分解して、仕組みや設計構造などを明らかにする手法です。商品やソフトウェア開発の現場で実際に、他社製品の技術を知るために行われます。

憧れや目標とするその人が成果を出せるのはなぜなのか。普段のその人の様子を思い浮かべ、偉人であれば伝記などを参考に性格診断をしてみます。結果が出たら憧れの人の成分と自分の成分のギャップを見ていきましょう。

POINT

自分はどんな人間かを言葉で認識する

TIPS 2

「できない」を見極め使いこなす

「できない」は逃げではなく状況報告

僕は新入社員の時、「できません」のひと言が言えませんでした。「何でも果敢にやってみよう」というチャレンジ精神があったこと、また、任されたのだから「何が何でもやらなきゃ」という責任感があったからです。そして何より「できない」と言うのは逃げでありやってはいけないこと、かっこ悪いことだと考えていたので、どんなに苦しい状況でも「できません」とは言いたくなかったのです。「自分なら必ずできる、やってみせる」という意地やプライドもありました。

だから、ガムシャラにやりました。やらせてもらえた、というほうが正しいかもしれません。

そんなある日のこと。

職場で、仕事を振られた先輩があっさりと、「自分にはできないですね」と断る姿を見て衝撃を受けました。

その後、先輩はこう続けました。

「普通に取り掛かっても、その業務を終えるまでに1カ月は必要です。人数を増やして対応すれば早くできるわけでもないですし。システムをすべて把握している人がやるべき内容ですので、私が担当すべきだというのもわかります。今、抱えている他の仕事をやめてこれに注力していいのであれば、半月くらいでなんとか終わらせられるかもしれません」

先輩の「できない」という返事は、逃げではなく状況報告だったのです。

依頼された仕事にいったい、どのくらいの作業が必要になるのか。今、新しい仕事にどのくらいの作業時間を費やせるか、そしてその時間内で、締め切りまでに完了できるかを瞬時に判断し、共有していました。

仕事を受けるには、あらゆる可能性を予測しなくてはならないこと、「できない」

時は「できない」と言うべきなのだと学びました。

できないことを言えずに抱え込むのは、最悪のパターンです。「できるはず」と思って、回ってきたボールをずっと抱えるのは、周りにとって、迷惑でしかありません。できる業務ならさっさと終えて、次の人にボールを回し、できない業務なら遠慮せずに次の人に回していきましょう。

仕事は時限爆弾のようなもので、何もせずに時間が過ぎれば大爆発します。「できない」ジャッジこそ、気づいた時点で即出すことが大事なのです。

仕事の最重要ポイントは何かを見極め返事をする

そうは言っても、「できない」と返事をしたら、評価が下がるのではないか、という不安があるかもしれません。

実際、「できない」という返事は、気をつけないと「逃げ」とか「無責任」などと思われてしまう危険性は否定できません。

「できない」と判断し伝えるには、自分という人間、自分が抱えている仕事、そして会社の状況を把握しておく必要があります。

たとえば、先ほどの先輩が、「今、この瞬間」の状況だけで、ただ「無理。できない」と断っていたら、依頼主は、この仕事に適した人の探し直しから考え直さなくてはなりません。

ですが先輩は、会社の状況を鑑みて「この仕事の適任者は自分」であると判断し、引き受けたほうが会社のためになるという観点から、「現状の依頼ではできない」ことを伝えたうえで、どうしたら引き受けられるかを提示しました。それにより、依頼主は、調整を図れるかどうかを検討するだけですみます。先輩が真摯に依頼を受け止めてくれたことも伝わり、最終的に違う人に頼むにしても、その対応に感謝の気持ちを抱くでしょう。

「できない」という返事をする時は、次の3つを確認しましょう。

・なぜ、自分が頼まれたのか
・自分以外の人でもできる仕事なのか（できる人はいるのか）

・会社としての最適解は誰が引き受けることなのか

この3つの答えが、「自分がやらなくていい」ということであれば、断りましょう。やらなくていいことは極力しなければ、負担は減り、疲れを軽減できます。

この3つの答えが、自分が引き受けたほうがよいように思うものの、状況として引き受けるのが難しい場合は、「できない」という返事をすると同時に、次の2つについても伝えるようにしましょう。

・なぜ「できない」のか
・条件を変えれば引き受けられるのか

それが、あなたに仕事を依頼した人への真摯な対応となります。

仕事全体の流れを把握する癖をつけると、誰かに仕事をお願いする立場になった時にも非常に役立ちます。

業務を外注する場合であっても、まず相手の業務の流れを把握しましょう。どういう流れで仕事が行われているのか、どの範囲でならば自分たちでカバーできそうか、実際にその仕事をしないまでも、相手側の「できる」「できない」というラインを把握しておくと、仕事が頼みやすくなります。

話を聞くことで、お互いの信頼関係も増していきます。

また、自分とは違う他の視点を学ぶと、「できる」「できない」をジャッジするスキルが高まります。

POINT

「できない」も立派な選択肢。正しく使いこなそう

TIPS 3 内的要因と外的要因を切り分ける

努力すべきは「内的要因」

ビジネスの結果は「内的要因」と「外的要因」に左右されます。

内的要因とは、自分が理由で起こることなので、自分でどうにかできますが、外的要因とは、自分以外の何か、誰かが理由で起きることなので、自分だけではどうにもできないことです。

たとえば、多くのＢ toＢ（対法人）営業は、アタック先のお客様を自分で決めることができます。似た仕事でもＢ toＣ（対一般消費者）、つまり販売員などの場合は、お店に足を運んでくれたお客様全員に対し、平等に接するのがセオリーです。Ｂ toＢは内的要因、Ｂ toＣは外的要因で業務が進んで行きます。

また、お客様に対する商品説明は自分の責任（＝内的要因）で行います。そして、「買う」「買わない」の判断は、お客様次第（＝外的要因）です。

渾身のプレゼンを終えても、「別の会社と契約してしまった」など、自分ではどうにもならない要因で購入してもらえないケースがあれば、しどろもどろで説明しても「時間ないから、それでいいや」と買ってくれるケースもあるかもしれません。購買行動という外的要因は、自分の努力だけではどうにもなりません。

外的要因は売り上げに直結して表れる部分が多く、またアンコントローラブルな面があり、一種のギャンブル性から面白みを感じやすい業務ともいえます。

しかし本来、気にすべきは内的要因です。

先ほどの例では「商品説明がしどろもどろでも、相手にとってどうしても必要なものだったから買ってもらえた」という、相当都合のいいラッキーケースを挙げましたが、確率は高くありません。それに、一歩間違えれば会社のブランドを傷つけてしまいますし、お客様からの信頼も失いかねません。

またお客様も人間ですので、十分な説明もできずに営業をしてくるあなたに対して、怒りを覚える人もいるはずです。

仕事をしていて、大きなダメージになるのは、社内で怒られることよりも、社外の、しかもお客様から叱られることです。

そんな目に遭うくらいなら、ほんの少し努力すれば商品の特徴なんて覚えられるのですから、さっさと覚えてしまったほうがいいはずです。

きちんと説明したうえで選んでもらえないのは、あなたの責任ではありません。

仕事で成果が出ないことで、それが外的要因であるなら、仕方がないとあきらめて、内的要因で改善できる部分の力を伸ばしましょう。

結果が出なくても成長する

商品紹介も最初は1から10までマニュアル通り説明する、説明するしかできないかもしれません。しかし、経験を積めば、相手のニーズを読み取り、理解度を測りながら、短時間で効果的な紹介ができるようになります。

お客様の最終ジャッジは、完全な外的要因ですが、購買行動に向けて、心を動かしていただくためにできることは内的要因にいくつもあります。
成功するようになると成長したと実感しますが、実際にはあなたが成長することで結果が伴うだけなのです。

POINT

自分がコントロールできる内的要因に集中する

TIPS 4 自己否定の気持ちを正しく使う

今の自分に足りないものが成長の種になる

「自己否定の気持ちは、あなたの心を蝕み、パワーを奪うため、持たないようにしましょう」と、多くの書籍やネットサイトで言われていますが、僕は、この「自己否定」の気持ちは、成長の一助になるため、受け入れるべきものと考えています。

日々、仕事をしていて「自分はダメだ」という気持ちが湧いてくる人は、自分の足りていない部分を客観視できているのです。

もしあなたも、「自分はダメだ」と思っているのであれば、ちょっと考えてみてください。

あなたは自分を何と比較して「足りない」と感じていますか？

成功している（ように見える）同僚や友人と比較して「ダメ」だと思っているのでしたら、それは無意味です。すぐさまやめましょう。ムダに心が疲れるだけです。比較するのは、今のあなたの姿と将来あなたのあるべき姿です。

自己否定の気持ちは正しく使いましょう。

理想としている自分の姿と比べて「足りない」と感じ、それを「ダメ」だと認識しているのであれば、「何が」「どれくらい」不足しているのかを認識し、1つずつ対処していきましょう。そうすれば、「ダメ」は成長の種になります。

仕事をしていれば、日々、様々なことが起きます。

日々一生懸命仕事をしていると、その対処に追われているだけで1日が終わってしまうように思えますが、実は昨日よりは今日、今日よりは明日と、何かしら必ず成長できています。

その成長している自分を意識し、信じることで、意味のある成長に変わります。

ストレスを有効に活用する

人は、適度なストレスがないと退屈です。

今の実力でできる仕事を続けていると、次第に「作業」となってしまい、面倒になったり、なぜこの仕事をしているのかと悩んでしまうきっかけとなり得ます。仕事以外のプライベートなどでやりたいことがあれば別です。仕事の立ち位置が明確であれば、仕事自体に対する期待値がズレにくいでしょう。ただ、仕事にかける時間が長い場合、適度なストレス設定が重要です。

ここでいう適度なストレス設定とは、適切な目標を設定することです。

感じるのは、ポジティブです。ゲームなども同様に、適度な難易度が「ハマる」感覚を生み出します。このストレスを解消できると幸せを感じます。ストレスなく何事もあっさりと達成できてしまうのは、退屈なことでもあるのです。

なお、「適切な目標設定」に正しい答えはありません。

唯一言えるのは、「目標設定」自体はスキルなので、設定・改善を繰り返すことしかできないということです。最初のステップは「絶対に達成できる目標」を掲げて、達成した後に、徐々にその高さを上げていきましょう。器具を使うトレーニングジムの重さを設定する時の塩梅をイメージしていただくとよいかもしれません。

自分の成長度合いを振り返りで把握する

理想や目標の自分に向けて、正しく努力するためには振り返りが大事です。

この時の振り返りは、手を止めるものであってはいけません。できなかったことを数えて落ち込まないためには、次のような手順で、感情を揺り動かされないように行っていきましょう。

まずは、結果を点数化します。

80点の出来だと思ったら足りない20点が何かを見ていきます。

「100点とはいえないから、20点くらいはマイナスかな」と漠然と点数を付けるのではなく、20点のマイナス内容を言語化してください。すると100点を取るために何が不足していたのか、自然と改善方法が見えてきます。

改善方法は直ったと自信を持てるまで続けること。続けるからこそ経験となり、実績が積み重なり、能力が伸びていきます。

POINT 目標設定スキルが高まるとストレスをコントロールできる

TIPS 5
目標は目につくところに掲げる

目標にふさわしい自分を目指す

仕事は日々、様々なことが起きます。その1つひとつに一喜一憂していたら心がいくつあっても持ちません。

目標を掲げ、その目標を達成するために日々を過ごすことで、1つひとつの出来事に心揺さぶられすぎることがなくなります。

それには、常に目標を意識できるよう、目に入るところに掲げ、忘れないようにする工夫が必要です。

これは僕が高校生で野球に夢中になっていた時に実感したテクニックです。

僕は春の甲子園（選抜高等学校野球大会）に出場したのですが、これは僕が所属していた慶應義塾高等学校野球部にとって45年ぶりの快挙でした。高校の野球部にとって甲子園出場は大きな目標です。

しかし、この時、僕たち野球部が掲げていた目標は「甲子園出場」ではありませんでした。それどころか「甲子園」の文字すら目標にはなく、書いてあったのは「慶應日本一」です。

ここにはこんな願いや誓いがありました。

「日本一を目指す集団だから、そういう練習をしよう」

「日本一を目指す集団だから、そういうあり方でいよう」

甲子園出場に目標を設定してしまうと甲子園の予選期間以外は、モチベーションを保つのが難しくなってしまいます。でも、目標をこうすることで、グラウンドだけでよい振る舞いをするのではなく、それ以外でも日本一を目指す集団としてふさわしい人であろうと、自分を律することができたのです。

大きな目標を設定すると自分が高まる

目標は、自分が毎日必ず目に入るところに掲示するか、スマホに入れるなどして持ち歩きます。

手帳やノートの表紙に書く、トイレやお風呂の壁に掲げる。いろいろな場所がありますが、見慣れてしまうとただの看板や景色と同じです。

常に意識できる場所に、ドンと掲げましょう。

僕はスマホのロック画面に目標を表示させています。僕の場合、1日に200回はスマホに目がいきます。スマホを見れば目標も必ず情報として飛び込んでくるので、無意識レベルに刷り込むことができます。こうやって、脳をハックして目標に向けて自分を洗脳していくのです。

スマホの画面は意外と人目につくので「恥ずかしい」という人もいますが、人に見られているという自覚があれば、ただの看板や景色になることはありませんし、他人に見せて語って、退路を断つのもある意味でよい手法です。

人に話すと「やらなくちゃみっともない」という心理が働くため、さらに目標達成

スマホのロック画面の「東京証券取引所」の写真

の助けにもなります。

目標は毎月見直しているのですが、今は「東京証券取引所」の写真を壁紙にしています。期日は公言できませんが、いつか上場を果たすべく、そのイメージを頭に焼き付けるために壁紙にしています。

自身もそうですが、会議中なども僕のスマートフォンの画面を隣の人が見える位置に置き、会議参加者にも僕の目標が見えるようにしています。

究極の目標は、人に見られても恥ずかしくないものです。

上司の目に入る場所に掲げれば、いい意味で上司へのPRにもなります。

目標は、将来どんな自分になっていたいのか、掲げた目標を見るたびに「絶対にやってやる」という、ポジティブな勇気が出てくるものにしましょう。

そして、自分の場合はどこに掲げたら、いつも目に入り、無意識に刷り込ませられるのかを考えてみましょう。

POINT

目標を見るたびに自分を整える

TIPS 6 成果は「積み上げ式」で眺める

数字はあくまで目安に。振り回されない

毎月の目標は、少しずつステップを上げて更新できるのが理想です。

でも、仕事ですから成果が出る月もあれば、出ない月も出てきます。

目標とした成果が出せなくても、「それはそういう月回りなんだな」と割り切りましょう。達成感の奴隷になると、数字を追うことにだけ集中してしまい、その先にある本当の目標を見失いかねません。

数字のギャップだけを追いかけていると、パフォーマンスも落ちていきます。

毎月毎月やるべきことはやっていると僕は自負していますが、自分ではなく、周りが判断するのがビジネスなので「目標を達成した」と、認識してもらえないことは割

とよくあります。

でもそこで落ち込みません。

僕は、過去の自分が出してきた成果を、積み上げ指標で把握しているからです。

今までの自分の実績を数値化する

あなたは、今までどんな成果を出してきましたか？

今までの実績を、数値化して残していきましょう。

たとえば、今月の目標売上が１００万円で、50万円の実績だったとしても、「50パーセントしか」とは思わず、「今月積み上げた１００万円」と捉え、この数字をこの先どんどん積み上げていくのだと考えます。すると、毎月課される目標がありながらも、自分自身の心の状態としては、やればやるだけ積み上がることが楽しみになります。

なんとなく「今月も頑張ったなあ」と思うより、データや数字に置き換えると説得力や納得感が増すのは、ビジネスと同じです。

生きてきた年数は実績そのものです。年次が上がれば自信が高まっていくという実感は、学生時代にも多くあったでしょうし、これから年を重ねるにつれて、より強く実感できるようになります。年長者が落ち着いて見えるのは、年を取って動きが緩慢になったわけではなく、「長く生きてきた」という事実が、自信へと繋がっていくからなのでしょう。

実績を数値化する際、失敗したことを思い出して心が落ち込むかもしれません。失敗の数は、成功の数と合わせて「あなたがチャレンジできた回数」です。失敗しても、誰かがカバーしてくれるのが組織の倫理です（日本では労働者の権利が強く守られているため、悪意のない失敗ではクビにならないので安心してください）。世間が見るのは、失敗よりも成果です。失敗をあなたがいくつ今までしてきたかなんて、そんなに誰も気にしていません。何か成果が出たら、「あの失敗の数が、今の自分に繋がったんだ、よくやった」と、自分を褒めるためにその数字を眺めてください。

POINT

小さな成功もあなたの実績。認めて自信にしよう

選び方を変えると
結果も変わる
余計なストレスを
溜めないコツ

Chapter

6

TIPS 1

ストレスを幸せのスイッチにする

ストレスは頑張りと現実のギャップ

仕事で心が疲れる最大の要因は、ストレスだということは知っての通りです。

では、ストレスについて、どれくらいご存じでしょうか。

心が疲れないよう対策をとるには、ストレスの正体について、そして、ストレスとの付き合い方について知っておくことが必要です。


ストレスを解消すると、人は幸せを感じます。

ストレスを感じながらようやく達成した仕事と、ノンストレスで難なくこなした仕事では、前者の方が心に強く刻まれます。

ストレスは、もともと物理学用語で「圧力によって生じる歪み」という意味です。

たとえば、部署異動の辞令が出て、新しい部署に異動することになったとします。

最初はやはり、その部署に慣れること、新しい仕事を覚えること、そして、チームメンバーとの関係を築くために尽力するなどです。

この時うまくいくといいのですが、必ずしもうまくいくとは限りません。

・「自分を知ってもらおう」→「努力している割には報われない」
・「新しい仕事になじもう」→「自分の能力は、周囲の期待に応えられない」

期待値や頑張りと現実のギャップこそ、ストレスの正体です。なかなか結果が出たり、状況が好転したりしないと、心がどんどん疲れていきます。

・「自分を知ってもらおう」→「打ち解けられた。よかったなあ」
・「新しい仕事になじもう」→「褒められた。よかったあ」

このように、環境が好転したら、ストレスが減り、「よかった」と幸せを感じ、また頑張ろうという気持ちになります。

ストレスは、変わりたいと思う自分が発するシグナルともいえるのです。

今までさほどストレスを感じなかったようなことが気になったり、苦になったりしてストレスに感じるようになった経験はないでしょうか。

ある知人は、課長となり、1つのチームを任せられるようになった頃から、直属の上司の「適当にやっておいてくれればいいから」という指示の出し方が苦になり、ストレスに感じるようになりました。しばらく耐えていたのですが、ある日、部長に尋ねたそうです。すると部長が「適当」というのは「チームの責任者としてよいと思うことをやればいい」という意味で、つまり、知人を信頼しての言葉だったことがわかりました。

チームの責任者として「仕事をきちんと遂行していかなければ」と思ったことで、部長のあいまいな言葉を使った指示が、知人にとってストレスとなったのでしょう。それ以降、知人と部長は話をよくするようになり、共に尽力してチーム運営を行っています。

ストレスの裏側にある幸せを意識する

残念ながら、ストレスを感じずに仕事をすることは難しいです。

ただ、捉え方を変えることで、心を疲れさせる要因としての力を抑えることはできます。

先ほど、ストレスを解消すると、人は幸せを感じると、お話ししました。仕事の場合、幸せの反対は不幸ではなく退屈です。同じ作業の繰り返し、やる意味を見出せないこと、無意味に時間だけが過ぎていくこと、この退屈感が心を病む要因です。

今感じているストレスにただ思い悩むのではなく、そのストレスの裏側には、幸せを感じる可能性があることを意識しましょう。

POINT
ストレスとは関係を切るのではなく、うまく付き合うことが大事

TIPS 2

ローリスク・ミドルリターンをあえて狙う

確実に利益を取ることが目標となる時代に

ここ数十年で働き方は大きく変わってきました。

現在、企業のトップを務める、特に50～60代の人々は、時代の動きと共に働き方を模索、構築しながら仕事をしてきました。日本経済が伸び続けていた時代は、頑張るのが当たり前。自身の働きに対するコストパフォーマンス（＝費用対効果）を考える必要がありませんでした。一生懸命頑張れば、報われることが多かったからです。

しかし現代は、頑張ったからといって報われる時代ではありません。労働力にも限りがある中で、現代のビジネスパーソンは、コストパフォーマンスを重視せざるを得ない状況です。できるだけ効率的な働き方をするのが主流であるため、前時代を生き抜いてきたトップの考え方と現場の考え方にズレが生じ、それがストレスになることも少なくありません。僕は、このズレを埋めることは難しいと考えています。それぞれが見てきた時代背景にズレがあるため、どちらも間違いとはいえないからです。

しかしながら、このズレのために、チームや組織がうまく回らないという事態が起きてしまっているのも事実であり、ここにとらわれてしまっては前に進むことができません（悩み苦しんでいる中間管理職の方の話をよく聞きます）。

大事なのは、どちらの考え方でやるかではなく、会社としてどこに向かうかです。

今は「ただ頑張るだけ」では、報われることが非常に少ない時代です。その中で、会社としては、まず利益を生み続けなければなりません。そうでないと、会社の経営は苦しくなり、それがあなたの生活、そして人生を脅かすことになってしまいます。

狙うのは、ローリスク・ミドルリターンです。

リスクを極限に抑え、自分でコントロールできる範囲でリターンを高く設定するというやり方です。「いつまで、どこまで」頑張ればよいかわからない状態をなくすべく、頑張る限度（リスク）を自分の許容範囲に制限し、その時狙える成果（リターン）をある程度決めておくということです。仕事に対しての自分自身の期待値（これくらい頑張ったら、評価してくれるはずだ）と実際の評価がズレることで心は疲弊します。この期待値のコントロールを自分自身が制御することで、ムダな心の疲弊を抑えます。

ローリスク・ミドルリターンの狙い方

大きな成果を残すハイリスク・ハイリターンは、100点を狙うというスタンスで仕事を進めます。このタイプのビジネスマンは、ＲＯＩ（Return On Investment＝投資対効果）を意識して業務を遂行しています。時間的コストをたっぷりとかけ、その結果出たリターンを最大限得るのではなく、リターンを確実に見越したうえで、それに見合う分だけの時間や労力を投資し、対顧客に仕掛けていきます。

ローリスク・ミドルリターンの場合は、100点を狙う必要はありません。及第点を見極め、それより少しだけよい点数を取ればいい計算をして、行動すればOKです。

そうすることで、必要な分だけ労力を使うことになり、疲れ果てずにすみます。

POINT

どこを狙うかを先に決めることで、ムダな労力を使わずにすむ

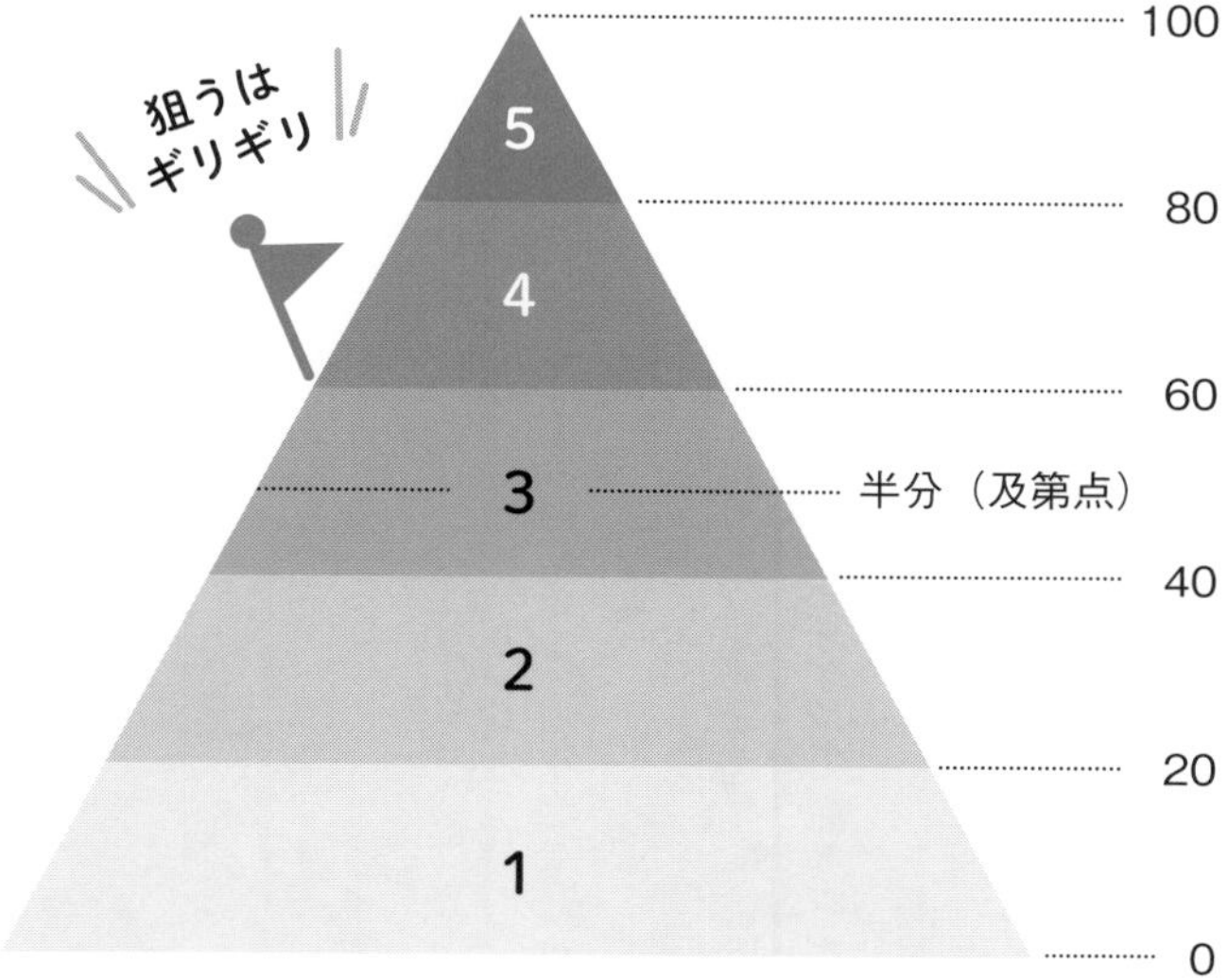

ローリスク・ミドルリターンの場合は及第点より少しだけよい点数を取ればいい

TIPS 3

評価ルールを把握する

評価制度を知らなければ自分の評価も正しくできない

仕事柄、僕は「会社が自分のことをきちんと評価してくれない」という相談を受けることが少なくありません。

ですが、会社のルールを知らずに、自分の評価を追うのは時間のムダです。評価してほしいと思うのであれば、ルールを知っておきましょう。

昇格・昇給のルールは、就業規則に記されています。労働基準法で定められた会社の義務なので就業規則は、会社に聞けば確認できるはずです。

会社は、会社法など、日本国が制定した様々な法律や条例であり方が定められています。

日本は資本主義なので、株式会社であれば、規模にかかわらず、株主がビジネスのピラミッドの頂点であり、ここを起点に物事が意思決定されます。日々の経営は、経営会議の上に取締役会があり、さらにその上に株主総会があって、ここでの議論で動きます。

会社にはルールと仕組みがあり、それにのっとって動くことで成り立っています。評価もその中の1つです。個人の想いや勝手で評価が変わることはありません。

評価について思うところがあるのであれば、自分の属する組織はどういう仕組みなのか、誰が自分の昇格や昇給にまつわる意思決定者なのか、誰がキーマンなのかを把握することが必須でしょう。交渉すべき相手を見極められます。

また、評価の仕組みがわかれば、何が求められているのか、また何が評価の対象になるかがわかり、対策が立てられます。

的外れの相手に交渉したり、「評価されていない」と騒ぎ立てたりしたら、反対に評価が下がってしまうことだってあり得ます。求めたいものがあるのなら、まずはその相手、対象を調べ、自分がどう動くべきかを判断しましょう。

教授になるための近道として、ビジネスマンを選択した

僕は、もともと教育学者を目指していました。

そこで、学者になるにはどうすればいいのか、手続きも含めてルールを調べ、学者になって食べていくには、まず教授になる必要がありそうだと思いました。そのためには大学院に進学し論文を書き、認められなければなりませんが、その論文は教授の査読が通らないと発表に至りません。となると教授を唸らせるような論文を書く必要が出てきます。また教授陣にも派閥があると気づくと、学者になるには研究だけでなく、政治があるという構造が見え、そうそう簡単な道ではないとわかりました。そこで大学院に進学するという選択肢をまず捨てました。

僕が学生当時、大学のキャンパスでは、経営者による講演がよく行われていました。ある日聞いた株式会社ディー・エヌ・エーの創業者・南場智子会長（当時）の「寝ないで働く」という言葉に僕は衝撃を受けました。

朝、出勤して、夜は家に帰って寝るのでなく、会社に泊まってそのまま働きたいというビジネスパーソンが存在しているのだと。そういう熱量を持つことに自分の人生

をかけてみたいと感じました。

それに経営者になって結果を出せば、学者にならなくても教壇に立てる。「教授になるより、ビジネスで成果を出す方が近道なのでは」と、僕は起業の道を志しました。その結果、今は教育に関する活動にも携わっています。これも、ハイリスク・ハイリターンのROI思考の成果です。

世の中の構造を把握すると、目指す場所への近道が見えてきます。ビジネスの世界に飛び込んでも、単に結果を出すだけでなく、教育の道に繫がるようなわかりやすい実績が出るものを選ぶほうがいいのです。

会社は利益を出す組織でもありますが、それは自分の人生にも利用できる。

毎日のビジネスを通して、あなたが行きたい方向へ進んで行くためには、まずはその構造を熟知することです。

ムダに疲れることなく、最短の距離でチャレンジできる場に行けるでしょう。

POINT

自分がどうありたいか、目標があるのなら、目標を達成する道も調べる

TIPS 4

頑張る量をコントロールする

頑張り方は自分で決めていい

仕事をしていて最も疲れやすく、ストレスを感じるのは、身の丈に合わない仕事をしている時です。

身の丈以下の仕事は、作業するには楽です。でもそれは最初だけ。単純作業の繰り返しは退屈になり、自分の存在意義が見いだせなくなります。

一方、身の丈を超えた仕事は、知らない作業や高度な会話についていく必要があるなど、大変です。自らの意志で、身の丈を超えた仕事にチャレンジしようと決めたのであれば、その分、やりがいもあるでしょうが、大変でもあるでしょう。

心が疲れないように仕事をするという観点では、身の丈以下の仕事も身の丈を超えた仕事もどっちもどっちだと思っています。それぞれ違ったストレスがあるものだからです。

自分の価値をどこに置くか、だけです。頑張り方は自分で決めていいのです。

僕のオススメは、早いうちに身の丈を超えた仕事を引き受け、実績を積んでおくことです。実績を積むことで、できる仕事、イメージできる仕事、そして、向いていない仕事がわかります。

早い段階でいろいろな仕事との相性がわかっていると、嫌な仕事、向いていない仕事を担当して周りの足を引っ張ったり、心が傷つくような事態に陥らずにすむようになったりします。

独立して成功する人はこの手法を上手に使っています。独立したばかりのいちばんしんどい時に、金額的に安い案件でも引き受け、自分を知ってもらい、ネットワークを構築し、経験を積むのです。評価を得てしまえば、仕事を選べる自分になれます。

少しの努力で有利になる

早いうちに身の丈を超えた仕事を引き受け、実績を積んでおくことのメリットは、もう1つあります。それは、仕事を教えてもらいやすいということです。

新しい仕事を引き継いだ当初は、入力など単純作業を任されることも多いはずですが、これはチャンスです。どんな仕事でどんなソフトを使うと便利なのか、どんなツールを使うと楽なのか、先輩たちの知恵と工夫をカンニングしてわかるようになるからです。

たとえば、Ｅｘｃｅｌには作業を自動化するマクロ機能がありますが、知っている人は多くても使いこなせる人が少ないものです。最初はちょっと手間取りますが、便利ですし、どんな企業でも導入している表計算ソフトのため、異動や転職後もスキルを活用できます。何よりも機械に任せれば、ヒューマンエラーが防げます。便利機能を知っておけば、社内で重宝される存在になれます。

地道に実績を積んで信頼が蓄積されたら、自分の得意なことをアピールしましょう。

「何でもやってくれる人」になると、他人に都合よく使われるだけになりかねません。自分の得意なことや個性は、しっかりPRしましょう。

「自分はこんなことのオタクです」

「これは好きだし得意です」

と、特定の領域に詳しい人として、周囲の人に認識されれば、より自分のやりやすい好きな仕事が回ってくるはずです。

最初から主張ばかりしている人は好かれませんが、地道にどんな仕事でもこなしてきてくれた人には、誰もがチャンスをあげたくなるものです。

そんな特定の領域がないという人は、これなら勉強できそうだという、興味のあることを見つけ「これに詳しくなろう」と決めてください。

決断した瞬間、自分の目に入るものの解像度が上がり、情報が向こうから飛び込んできます。

POINT

先輩たちの知恵と工夫をカンニングして自分ブランドにする

TIPS 5

得たい成果を見極めたら上司を巻き込む

成果の出し方は上司にわかる形にする

混同している人がとても多いのですが、「結果」と「成果」は違います。
そして、よく間違えられるのですが、仕事で求められるのは、「成果」です。

【結果】
仕事が終わった状態。最終的に出たもの。良いことも悪いことも含めてのアウトプット全般。

【成果】
成し遂げたことの中で特に良い結果のこと。

「なかなか評価されない」という人に共通しているのが、成果の報告、すなわち納品を上司が評価しやすい形にしていない、自分の欲しい評価を上司に伝えていないことです。

実は、仕事の成果とそれに伴う評価は、自分でコントロールすることができます。

結果が出る前に成果について上司と話しあっておく、ただそれだけです。

「目標を達成したら給与を上げてほしい」のであれば、そのことを素直に伝えます。「給与を上げてほしい。頑張って目標を達成するので、応援してほしい」と言葉にして伝え、目標達成までのプロセスについて相談し、必ず上司と一緒に対策を練るようにしましょう。相談されたら、上司だってうれしいものです。

「お前そんな遠回りしていたのか。俺に相談してくれたら、すぐ1億円は受注できたのに」などとアドバイスしてくれたり、一緒に考えたりしてくれるでしょうし、一緒に考えたからには、目標を達成してほしいと、支えてくれるはずです。

成果が出た時も、どれだけあなたが尽力していたかを知っているので、そのうえで評価してくれます。

結果は誰にもコントロールできないと、みんなわかっています。そのため、達成できなかったら申し訳ないなどと思う必要はありません。

正々堂々と上司を巻き込んでしまいましょう。

上司のパフォーマンスを上げる

上司と親しくしておくと「働きやすくなる」のは動かしようのない事実です。

数字だけでなく、あなたという人間をより深く知ったうえで、アドバイスや指示をしてくれるようになるので、結果としては当然でしょう。

上司との接触を避けておきながら、上司には自分を理解して具体的なアドバイスをしてほしいなどと求めても、それは土台ムリな話です。

人は言葉を交わし、同じ時間を過ごし、体験、経験を共有することで少しずつ相手のことを知ることができるものだからです。

上司との距離を縮める方法としてオススメなのは、上司が気持ちよく仕事をできるように気を配ることです。

相手のことを考え、相手の目線を考えながら自分の仕事をすると、関係性はよくなります。組織にもあなた自身にもメリットがあり、上司に必ず喜ばれます。

あなたから見れば、上司は1人かもしれませんが、上司から見るとあなたは、多くの部下の1人にすぎません。資料の確認も、メールのチェックも、こちらが想像しているより多くの数をこなしているはずです。

データをメールで送るのではなく、紙に出力してかつ、確認してほしい箇所に付箋をつけるなど、上司が確認しやすい方法で資料を渡しましょう。

一見手間がかかっているように思いますが、確認しやすい資料にすることで、上司は短い時間で戻してくれ、結果としてタイムパフォーマンスは上がります。そのおかげで、あなたの仕事のスピードも上がる可能性があります。

上司とかかわるストレスと、成果が出ないストレス、どちらを取るか、一度考えてみるといいでしょう。

POINT
上司を巻き込んで仕事を行う

TIPS 6 最小工数・最大成果思考で動く

少ない手数で目的を達成すると仕事が楽になる

仕事がある程度できるようになると、次々と新しい仕事が来るようになります。担当外の仕事の手伝いを頼まれることもあるでしょう。

仕事は生ものなので、想定外のトラブルが起こることもあります。

僕は、以前、毎日何かしら飛び込み仕事が入ってきて、目の前のことを対処しているだけで1日が終わってしまい、本来やるはずだった予定の仕事にまったく手がつけられず、イライラが続く時期がありました。

夜、終業時間後から仕事に手をつけることもしばしば。当時は心も体もくたくたでした。仕事のパフォーマンスも悪かったと、今では思います。

ところが、僕以上にたくさんの部下を抱え、自分以外の仕事を多数見ている先輩は、自分の仕事をきちんと回すことができていました。どのようにしているかを尋ねたところ、やはりなかなか手がつけられないことから、自分の仕事においては判断軸を緊急か重要かではなく成果で考えていると、教えてくれました。

つまり、少ない工数で最大の成果を出せるよう仕事のやり方を変えていたのです。

細かな改善で成果を最大化する

仕事をする時、１つの仕事にきちんと向き合うべく予定を組む人は多いでしょう。

午前中は、10分程度のコマ切れ時間が3回ほどしかないから雑務を行おう。

午後は、がっつり3時間確保できるから、プロジェクトの資料作りに充てよう。

「10分では資料づくりをやってもパラパラになってしまうから、当たり前では」と考えられますが、午後にまた飛び込み仕事が来た場合、「手がつけられない」状態のままになってしまいます。

たった10分でも進めておいたほうがため込まずにすみます。

次のように考えると、イメージしやすいでしょうか。

仕事で忙しくはあるけれど、3カ月で痩せたい時、次の方法があります。

抜本的な体質改善をする　↓　太りにくい体になる

毎日、階段を使う　↓　追加の努力なしに運動ができる

理想としては、体質改善でしょうが、継続して食事、睡眠、運動をすべきことがたくさんあります。階段を使うのは、その時だけやればいいので、計画は必要ありません。予定しなくてすむうえに、考える必要もないので、負担は少ないと言えるでしょう。

最小工数・最大成果思考は、次のように行います。

1　自分が抱えているタスク（仕事）を洗い出す。

2　それぞれのタスクの叶えたいリターンを考える。

３　リターンを構成する要素を洗い出す。

４　どの要素を重点的に取り組めば、求める成果にもっとも近づくことができるのかを探し出す。

毎朝、ＴＯＤＯリストをつくり、タスク管理をしている人も多いでしょう。この最小工数・最大成果思考は、タスク管理ではなくタスクのための行動計画になります。

僕は、毎朝、10分使って最小工数・最大成果思考で、自分が今日抱えているタスクを見直し、結果を意識して何をすべきか、行動まで落とし込めるので、後は時間を見つけて実践するのみという状態になります。

最小工数を見つけておけば、予定が変わってもすべきことは変わらないので、仕事がまったく手つかずで悩むこともありません。

POINT

行動の結果と効果を考慮することでストレスを減らせる

過去と未来を見る
自己効力感を高めるコツ

Chapter
7

TIPS 1 自分に自信をつけさせる

心が疲れにくい自分をつくる

ここまで仕事で心が疲れないための考え方や行動についてお話ししてきました。

すでに試してその効果を実感してくださった方もいるかもしれませんね。

ただ、その場を乗り切る方法をいくら身につけても、ふとした時に大きなストレスを受けて心が疲れてしまうようでは、状況が改善したとは言い切れません。

ここまでお話しした対処法を活用しつつ、多少のストレスでは動じない自分づくりができていれば、心強いものです。

そこで、本章では、心を疲れにくくするための自信をつける方法を紹介していきます。

自信とは、自分を信じるということです。

自信には根拠が必要です。

そこで毎日、自分と約束をし、それだけは守りましょう。約束は簡単なものからスタートします。やると決めたことを達成できれば、自信がついてきます。

・毎朝、デスク回りを掃除する
・オフィスの全員に必ず挨拶する
・1駅分歩く
・ジムに寄って帰る　など

必ず守れる約束を立て、達成できたら、新しい約束をする。これを続けていくと、信頼できる自分になれます。最初のうちは1日1個、難しくない約束から始めましょう。

小さな約束でいい理由は、確実に達成したいからです。難しい約束をして達成できないと、「どうせ自分は、約束が守れない人間だ」というあきらめが生まれてしまい、仕事のパフォーマンスにも影響が出てしまいます。

これを続けて、自分への信頼が高まってきたら、苦手なことにもトライしていきましょう。ミーティングで司会をする、アポイントの件数を増やすなど、実務に直結したものを選んでください。積み重ねた経験は、やがて揺るぎない自信へと変化します。

約束を守るための2つのコツ

自分との約束を守り続けるには2つのコツがあります。

1つめは、「することを細分化して理解する」です。

たとえば、本書を執筆することになった時、「1冊の本を書き上げる」となると結構な大仕事なので、僕は何カ月かかるだろうかと不安になりました。そこで、「本を書くには何が必要か、その過程を次のように細分化して、最初（スタート時の）の約束を「類書を選定する」に設定しました。

中身を考える→目次を出す→類書を読む→類書を選定する

書店に立ち寄りさえすれば類書探しはできるので、着手も早くなります。

このように、約束は小刻みな目標にして、1つずつクリアしていけば、さほどストレスを感じることなく、楽に進むことができます。

2つめは、達成したら必ず「おめでとう」と自分を褒めることです。

人間の脳は、報酬があるとやる気が出る構造になっています。約束を守ったら、「達成できた！ おめでとう！」と自分を褒めましょう。「達成したら焼き肉」を食べていいなど、ご褒美を用意するのもオススメです。

新しい課題に直面した時に、「自分なんかにできるだろうか」と自信なく始めるか、「できる！」と自信を持って始めることができるかで、結果だけでなく、その仕事を遂行している自分の心の在り方も大きく変わります。

「できる！」と自信を持つことができるのは、自分との約束を守った回数に比例します。「これだけ約束を守ってきた自分なのだから、今回も大丈夫」と思うことができれば、心穏やかに仕事が進みます。自分との信頼関係が自信となるのです。

POINT

自分を信じることができると心が強くなる

TIPS 2 達成体質になる

達成を「癖」にしてしまう

歯磨きをしないで寝ると気持ち悪いのと同じくらいに、「(自分との)約束を守らないと、気持ち悪い」という状態に自分を持っていくと、より自信を深められます。

約束を守るということは、目標をきちんと達成するということです。

目標というと、高い志を掲げたくなりますが、最初のうちは「○○さんに連絡する」という10分以内に達成できる目標で構いません。

最初は低く小さくていいので、たくさんの目標を作れれば、おのずと達成癖がついていきます。

毎日続けているわけですから、あなたにはたくさんの成功体験があるということになります。それは、揺るぎない自信となります。

約束を守るのは当たり前、目標は達成するのが当たり前という状態を、僕は「達成体質」と名付けています。

達成体質になると何がいいのか？

まず、達成できないことが不安になり、「なぜこのやり方では達成できないのか」という思考が生まれます。この思考を持つと、目標の立て方がうまくなり、より効率よく仕事を進める方法を考えられるようになるのです。

さらに、達成体質に変わると「失敗したらどうしよう」という不安が消え、積極的に行動できるようになります。行動量が増えれば当然、経験も蓄積され、積極性もさらに増していきます。動けば動いた分だけ、結果が出ます。

最終的に物事を、達成できる前提で考えられるようになるのです。

自己成長を促す約束（目的）の設定の仕方

達成体質になるうえで、1つ、気をつけてほしいことがあります。

それは、約束・目標の難易度（レベル）を少しずつ上げていくことです。そうすることで、できる範囲が広がっていきます。

最初に立てる目標の難易度は、徹底的に下げておきましょう。これでもかというくらい、目標を下げておくと必ず達成できるからです。

毎日1つずつ約束を守っていく中で、約束のレベルをあげたり、数日にわたるものにしたりなど、進化させていきましょう。

目標設定を適切にできれば、半分達成できたようなものです。「達成する」癖がついてしまえば、後は体がついていきます。そうすれば、大きく高い目標を立てても達成できるようになります。

その先、高い目標を掲げられるようになると、邪魔が入りにくくなるメリットもあります。

僕が20代の頃、「年収1000万円」という目標を立てた時に、上司からは呆れられましたが、さらにもっと高い目標、「学問をつくる」「一万円札の顔になる」「1000万円企業をつくる」などを、どんどん上げていくことによって、変な邪魔してくる人は減っていきました。

どんどん目標に向かって進みやすい環境が整っていったのです。

設定する目標を少しずつ上げることがストレスになるのではないか、と思うかもしれませんが、目標のレベルを上げるごとに、自分の成長レベルも無意識のうちに少しずつ上がっていくので、心も疲れにくくなっていきます。

まだ、「学問をつくる」「一万円札の顔になる」「1000万円企業をつくる」の目標は実現できてこそいませんが、邪魔がなくなったことで、自分の成長スピードは緩やかに、でも確実に早くなっているように感じます。

POINT

達成体質は心の習慣。習慣化されると心が疲れづらくなる

TIPS 3 ＰＤＣＡではなくＹＫＫで動く

どんなに優れていても適さない場で使ったら無価値になる

「ＰＤＣＡに当てはめて考えなさい」

こんな注意を受けたことはありませんか？

ＰＤＣＡとは、ＰＬＡＮ（計画）、ＤＯ（実行）、ＣＨＥＣＫ（評価）、ＡＣＴＩＯＮ（改善）の頭文字を取ったもので、最後のＡＣＴＩＯＮまできたら、改善点をＰＬＡＮに落とし込み、また循環させていくというフレームワークです。もともと品質管理の概念として生まれたものなので、ある程度仕事の流れがあるものには有効なのですが、仕事の質・内容によっては、当然、適さないものもあります。

たとえば、セルフマネジメントの観点で、スタート地点のＰ（＝計画）を立てるのは非常に難しく、それが理由で進行が止まってしまうことも少なくありません。

変化の激しい業界や時代、起ち上げ初期のプロジェクトにおいては、将来予測が立てづらくＰ（計画）を考える時点で頓挫してしまうリスクがあるのです。

まずはやってみて気づいたことに取り組む

僕はＰＤＣＡよりも、ＹＫＫをみんなにオススメしています。

ＹＫＫとは、Ｙ「やって」、Ｋ「気づいて」、Ｋ「考える」の略で、僕が考え出した心が疲れない行動パターンです。

たとえば、こんな経験はないでしょうか。

何かしらの企画や提案書を作成するよう上司から指示が出て、何から手をつければいいか戸惑ったものの、最終的に、資料を作って提出することだけは想像できた。とりあえず、ＰＣを起動し、Ｗｏｒｄファイルを開いたところで、

「あれ？　うちの会社の企画書っていつもどんなフォーマットだっけ？」

と、自分が知らないことに気づいた。「やったからこそ気づいた」のです。

やってはじめてわかること、気づくことは意外と少なくありません。
だからまずは手を動かしてみるのです。そうすることで、その仕事が自分に向いているのか、自分のキャパシティはどのくらいなのかが見え始め、最後には仕事の全体像も見えてくるようになります。

動き出すと、次の打ち手が自然と見えるのがＹＫＫ理論です。

ＹＫＫは新しい仕事に挑戦する時に特に有効です。ただ「やってみる」が、ＰＤＣＡのＰ同様に、最初のハードルであることは理解できます。そんな時は、誰かに巻き込んでもらう方がずっと楽でミスも回避できます。１人ですべて背負うのではなく、上司や先輩に指示を仰ぎましょう。

ＹＫＫを実践する究極の場は「巻き込んでくれる人のところに身を置いてしまうこと」です。僕は、高校や大学でビジネスやキャリアについて教えています。そこで、学生に「(仕事と言われても) 何をしたらいいのかわからない」という相談を受けると、「ベンチャー企業の社長の下で働いてみては」とアドバイスをしています。
やるべきことが明確な人の下にいると、タスクが山ほど降ってきます。ビジネスの濁流に呑まれてしまえば、スキルやセンスが否応なしに磨かれていきます。自発的に「これをやってみよう」と思う余裕もなく、やらざるを得ない状況に身を置くと「わかりません」という言葉が出る暇もないくらいに、次々に物事が動いていきます。

YKKは、Y「やって」K「気づいて」K「考える」と言いましたが、これは「行動（やって）」「知覚（気づいて）」「思考（考える）」とも言い換えられます。

これは認知活動における基本的な3要素です。

新しい取組みは、やってみないとなんとも言えないことが多いため、「とりあえずやってみる」という思考は武器になります。

悩む前に、とりあえずやってみましょう。

POINT

YKK理論で、突破口をつくる

TIPS 4 自分なりの理論をつくり出す

自分のやり方を見つけることでうまくいく

「自分はもっとできるのに、なんでこの通りやんなきゃいけないんだろう？」

仕事がうまくいかなかった時に、ビジネス書を読み込んで、仕事術マニアとなった僕は、学んだことをどんどん試していました。実際、本になるようなメソッドだけあって、実践でもとても役立ちました。

でもある時、急にそれらが窮屈に感じられたのです。

「この方法より、こっちのやり方の方が自分に合っているし、成果がもっと出せるのでは」という思いで頭がいっぱいになりました。

会社の先輩から「こういう手順で進めて」と教わったものに対しても、同様の思いを抱き、苦しさを感じるようにもなりました（決して先輩への反発心ではありません）。

しばらく鬱々とした気持ちで過ごしたのですが、先輩や本から学んだパターンを破る決断をしました。自分なりの仕事術で仕事をするようにしたのです。

その結果、当時所属していた会社の子会社の取締役になり、起業独立してからは、ビジネス書を執筆するようにもなりました。

自分のやり方を見つけ、その方法で仕事の成果が出てくると、仕事の面白さが格段に上がります。

僕はこの経験から、ある程度学び、結果を出し、さらに上のレベルを目指したいと少しでも思うのであれば、自分のやり方を見つけたほうがよいと考えます。

日本に古くから伝わる思考「守破離《しゅはり》」の「守」を越えるタイミングがきたということだからです。

「守」を「破」るから「離（独立）」できる

「外に出て歩くには靴を履いてください。右足から履くといいでしょう」

というマニュアルが会社にあったとしましょう。

この時、自分の体のバランスで、左足から履くほうがスムーズであれば、左足から履く方がいいはずです。「靴を履く」とあっても、もし暑い夏で海に行くのであれば、靴ではなくサンダルを履くという選択肢も考えられます。

「守」を「破る」スタートは、マニュアルへの疑問です。

なぜ「右足から靴を履く」のか？　疑問に思ったのであれば、まずは上司に確認しましょう。もしかしたら、「避難する時など、一斉に靴を履く時に右からと決めておけば混乱が避けられる」などといった、人命に関わるような大きな理由があるかもしれませんし、反対に「ルール化したほうが指導しやすい」程度の理由かもしれません。理由がわかり納得できれば、マニュアルに従うことにストレスは感じませんし、大した理由がないならば、自分がやりやすいように（他人に迷惑をかけない程度に）アレンジしてもかまわないということもわかります。

ただし、マニュアル破りの決断は、「なんとなく、こっちがいいと思ったから」ではなく、「自分の体のバランスから考えて、左足から先に履き替えた方が安定する」

とか「海辺での作業なので、サンダルなら汚れを気にせず作業に集中でき、仕事後に足を洗うにも都合がいい」と、業務の効率が上がる論理的な理由を見つけ、それにのっとったやり方を構築してみましょう。

過去に教わったマニュアルを変えたいという気持ちが湧いたのなら、あなたの視野が広がり、視座が高くなり、仕事の改善点が見えてきたということです。

自己成長の証しです。人に教えることで、自分なりの理論はさらに磨きがかかります。

POINT

自分なりの理論を構築することが自信を高める

COLUMN 4

守破離の法則

文化が生まれ発展し、新しいものを生み出す過程をあらわした「守破離」という言葉があります。

これは「守破離の法則」と呼ばれ、ビジネスでもよく用いられる手法です。

守破離の法則の語源は、千利休は詠んだ次の歌にあるといわれています。

――規矩作法《きくさほう》　守り尽くして　破るとも　離るるとても　本を忘るな

最初は修行して、師匠の教えを徹底的に「守る」。

それが身についたら、他の流派などの教えを取り入れて、師匠の型を「破る」ことで発展させる。

さらにそれを究《きわ》めていくと、最後には既存の型を「離れる」ようになり、新しい流派が生まれる。

千利休の歌は「本を忘るな」で結んでいます。

この「本」は「本質」を指します。

本質がぶれなければ、マニュアルだって改善してもいいのです。

TIPS 5 目標は設定こそがすべて

よいなと思う目標をマネる

目標の達成よりも、圧倒的に難しいのはその設定です。有限な人生の中でどこに行くか、どの高さを目指すか。目標設定は人生を決めると言っても過言ではありません。でもやり方を教えてもらうことは、ほとんどありません。目標設定はベテランビジネスマンになっても難しいからです。

いい目標設定は、身の丈よりも少しだけ高く、チャレンジして達成できるものです。漠然と自分も何か目標を持ちたいと思ったら、まずは企業のビジョンや偉人の目標などをリサーチしてみましょう。「憧れのあの人は、こういう年齢でこんな目標をつくったのか」と知ることも、目標設定のヒントになります。

僕が特にお勧めするのは、企業が掲げている目標です。歴史ある企業の目標は、長い時間をかけて、それぞれの時代を駆け抜け、様々な葛藤を乗り越えて生み出された言葉です。非常に洗練されています。

企業とはいえ、それを動かしているのは人です。目標設定に迷ったら、企業のビジョンを参考にしてみましょう。

目標設定のテクニック

目標には「定量と定性」と「結果と成果」があります。このすべてを網羅しているのがいい目標です。

まずは、定量と定性を見ていきましょう。

ピーマンの好き嫌いについて調査を行った場合、「定量」は数値で表すことができる好き嫌いの人数や割合といった要素で、「定性」は数値では判別できない行動や発言、つまりピーマンを好きな理由、嫌いな理由を聞くといった違いです。

目標設定は、定量と定性の両方の観点が必要です。

定量目標だけに偏ると「数字を達成しているのだから、多少、ズルいことをしてもいい」という発想になってしまうからです。

「結果は出しているので、仕事のやり方について指図しないでください」と言う人が稀にいますが、グレーなことをして達成してもいいのはその瞬間だけ。必ずそのグレーな部分が足枷《あしかせ》となり、自分自身や会社を苦しめることになり、継続成長が困難になります。

数値を正しく追い求めるために、定量と定性の目標はセットで考えることが大事です。これは、あなたが先輩や上司になった時、部下や後輩が道を誤ることがないよう、頭の隅に留めておいてください。

では結果目標と成果目標についてお話ししましょう。ただ、結果と成果は混同しやすいので、以下、成果目標は、「行動目標」と記します。

結果目標は文字通り、成し遂げた後の結果、どうなっていたいかというものです。売り上げが○億円なども結果目標です。行動目標は、結果に依存せず自分がそれによってどう動くのかを文章化したもので、座右の銘や信念に近いものです。

行動目標を意識して、1つひとつ課題やトラブルをクリアしていけば、結果目標が達成できるという構造が理想で、目標設定のスキルが高い人ほど、行動目標と結果目標を紐づけています。そこに具体的な定量と定性の目標を落とし込んでいきます。

僕の行動目標は、二十歳《はたち》の時から変わりません。

――日本初・世界水準で、勇気を与える存在になる――

言葉だけでは空虚なものになってしまうので、その姿をみんなに見せることが大事だと心掛けています。

いつも自分の頭の中に入っており、僕の行動指針になっています。

目標設定は難しいものですが、確固とした目標があれば、生活の濃度は深まり、仕事の解像度は高まっていきます。

POINT

正しい目標を立てて、進む方向を定める

COLUMN 5

目標設定のヒント

優れた目標は、設定できた時点で50パーセント達成したくらいの価値があります。

こうなりたいという姿を一度でも明確にすれば、それに向かってどういうアプローチが必要で、何をやればいいのかを簡単に振り返ることができるからです。

目標を立てる時は、白紙のノートを用意して、理想の自分を考えてください。

10年後はどうありたい?

そこに辿り着くために、5年後の自分は何をしておく?

となると、1年後の自分は何をしているべき?

理想の自分像から逆算して導き出していきます。

目標設定には最低1日はかけましょう。本当に真剣にこのテーマに向き合えば、何日間も費やさないと納得のいく目標はできません。納得のいかない目標をどんなに頑張ってもハッピーにはなれません。

「なりたい自分」「ありたい自分」が浮かばない時は、次の方法を試してみてください。人はマイナスイメージのほうが言葉にしやすいという特性があります。つまり、「なりたい姿」よりも「なりたくない姿」の方が明確に描けます。あんな人にはなりたくない。あんな人生は歩みたくないというところから、自分の理想や目標を探ってみましょう。

1年後、そのノートを開いた時、なりたくない姿から自分がどれだけ遠ざかれたか、確認してみるといいでしょう。

TIPS 6

人ではなく指標と向き合う

ライバルを設定しても意味がない

「福山さんを超えてみせます！」

僕はよく、自社の営業マンに、このようなライバル宣言をされます。

その気合は買いますが、僕自身も成長を止めるつもりはないので、どこまでも平行線で超えるのは難しいのではないかな、途中で心折れないかなと心配になります。

人はそれぞれ才能が違います。

生まれてきた時代も、生きてきた環境もすべて異なります。誰かと自分を比較することは、あまり意味がありません。

特定の人物を目標としてしまうと、一生超えられない可能性があります。すると、せっかく立てた目標を諦めなくてはいけなくなる日が来ます。

諦めの感情は、人の力を削ぐ十分すぎる理由になります。

自分に合った指標を導く

目標を立てるなら「人物」ではなく、「指標」にしましょう。

福山を超えると宣言したあなたがもし20代だとしたら、30歳になった時点で、福山の達成していた指標を選んで、そのどれか1つを自分が早く達成することを目標にしましょう。売り上げ○円、営業○件、年収○円といくつもあるはずです。

実際に目標に向かって手足を動かさないと、今の自分の身の丈に合った目標になっているかどうかはわかりません。安易に達成できてしまうような指標では、それはやっぱり低すぎます。勝手に始めた「特定の人物の指標を超える」というゲームには勝てても、自己成長の観点では何の意味もありません。

せっかく熟考して「これならできそうだ」と自分が掲げた目標であれば、達成するまで、いろいろと工夫して、挑戦してみるべきではありますが、どうしても達成できない目標であれば、それは低い目標と同じで、ただ掲げただけの意味のない目標です。目標を下げて、次の大ジャンプに備えましょう。高く跳ぶ前には、深くしゃがみこむ動作が必要です。そう考えれば、一度掲げた目標を下げることは、負けることではありません。

また、目標設定に慣れないうちは、高さに合わせて「達成期間」も指標としてセットするのがお勧めです。

ただし、目標達成までの時間は長くかかるほど、メンタルに悪影響が出ます。小さい目標を次々に達成していきながら、大きい目標に最終的にチャレンジする方がメンタル的にもいいのです。高速道路を車で走る時に、パーキングエリアを上手に利用するような発想で、目標までが遠い場合は中間地点をマーキングし、達成までのマイルストーンとして活用するようにしましょう。

POINT

自分がどこまで目標を達成できているかがわかるようにする

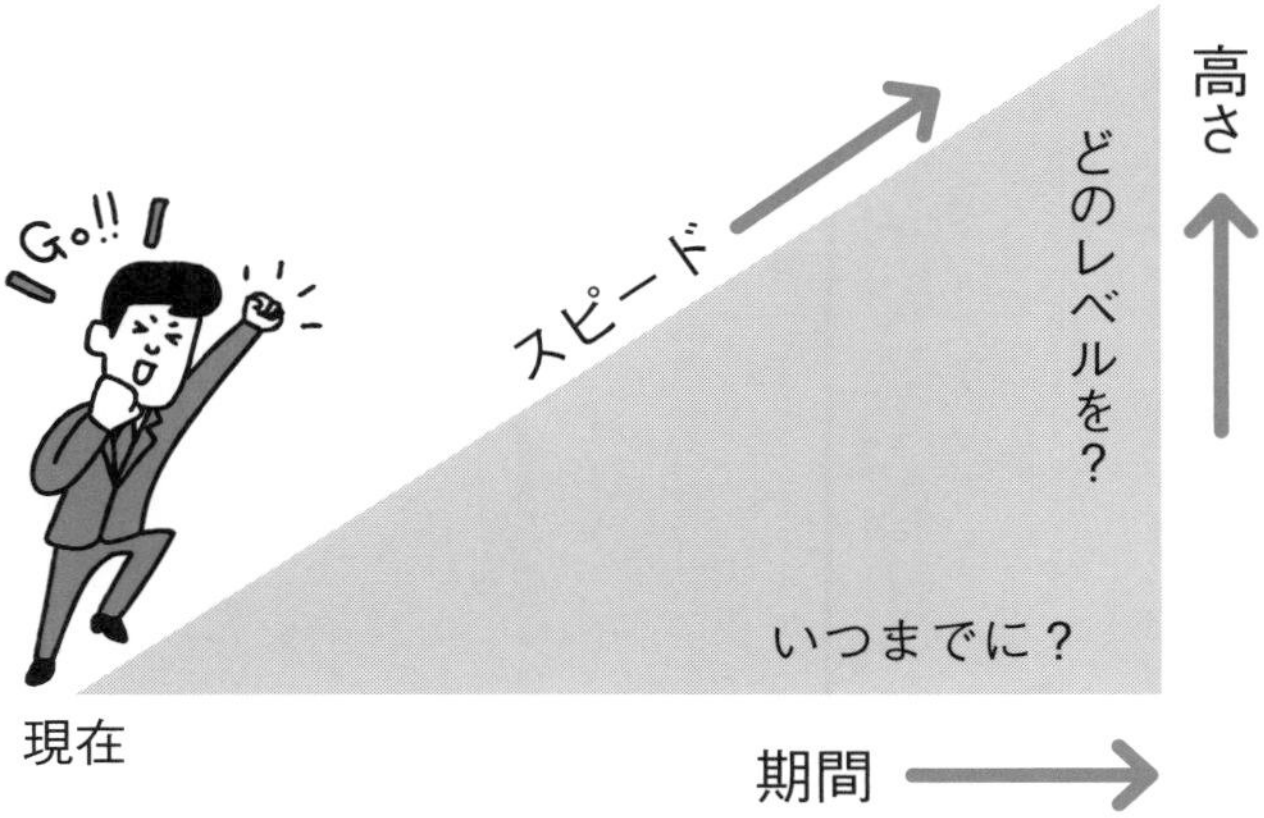

期間を決めてそれに応じたスピードの高さで目標を決める

TIPS 7

自分の市場価値を知る

自分の価値を決めてもらう

あなたは自分の市場価値を知っていますか。

市場価値とは、自社以外のビジネス市場であなたがどのような魅力（価値）があると判断されているか、ということです。

もし、今の職場や仕事に悩んでいるのであれば、自身の市場価値を知るために、転職活動を始めてみるのも1つでしょう。

転職活動を行うと、自己理解が進み、発見があります。どれだけ必要とされるかを知り、その状況に応じて、転職という選択肢を視野に入れてもかまいません。

ただし、転職すれば、自分の能力が会社の業績や政治的なバランスに影響されず「正当に評価される」というのは妄想です。転職時の給与は、需給バランスとスケジュールで変わります。高い年俸＝あなた自身の絶対評価ではないという現実は知っておきましょう。人材採用は、あなた個人の能力とは関係なく、会社の都合で行われるものです。

またどんな会社であっても、出世にはある程度仕組みがあるということも忘れずに。これを理解していないと転職先でも厳しい現実が待っています。

転職活動をして内定をもらっても「転職しない」のもあなたの権利です。いつでも辞められる状態になってみて、それでも今の会社に留まる決断をしたのであれば、自分は何をすべきか、何を得たいのか、目標を設定して、新たな気持ちで働き始めると、転職していなくても何かしらの変化を感じるはずです。目標が見つかると楽しくなります。日々の疲れも心地よいものに変わっているでしょう。

POINT

大海（世の中）を知ってはじめて自分の立ち位置が正しく認識できる

おわりに

最後まで読んでいただき、ありがとうございます。

ご紹介した「心が疲れない仕事術」は、ほんのちょっと考え方や仕事の順番を変えるだけで、心を楽にしてくれます。

できそうなものから、ぜひ、試してみてください。


仕事は一人ではできません。

どの仕事も立場、個性が違う人たちが、それぞれの役割を果たしながら、回っていきます。あなたと似た感覚の人もいれば、さほど合わない人もいるでしょう。

複数の人が関わるため、自分の思い通りにはいきませんし、仕事の仕方の違いが刺激になったり、苦になったりして、それが心の疲れとなります。

これからますます社会はグローバル化、多様化が進みます。これまで以上に違う個性、文化を持った人たちと仕事をする機会も増えてきます。より仕事の仕方がバラエティに富むでしょうし、ストレスが生まれることが考えられます。

「心が疲れない仕事術」は、これから仕事をしていくうえで、そして、仕事以外の時間、人生を豊かに過ごすための必須のスキルと言ってもいいでしょう。

実は、この「心が疲れない仕事術」が習慣化してくると、仕事がスマートに進むようになり、仕事にかかる時間も短くなってきます。タイムパフォーマンスの面でも、効果的です。

心が疲れない仕事であっても、試してみてください。

本書との出会いによって、あなたが少しでも心穏やかに、本来の能力や才能を活かして仕事に取り組めるようになり、仕事もプライベートもあなたらしく過ごせるようになるきっかけとなれば、これ以上の喜びはありません。

最後になりましたが、本書の執筆をお手伝いいただいた川口裕子さん、今回このような素敵な企画を委ねてくださったあさ出版の皆さん、本当にありがとうございました。

著者紹介

福山敦士（ふくやま・あつし）

キャリア教育研究家
DORIRU株式会社　代表取締役
慶應義塾高校　講師（ビジネス実践講座）

1989年横浜生まれ。大学卒業後、サイバーエージェントに入社。会社員生活になじめず成績が上がらない日々を過ごすものの一念発起し、仕事の仕方を変えたところ、25歳でサイバーエージェントのグループ会社（シロク）の取締役営業本部長に就任。27歳で独立起業。複数企業/事業を立ち上げ4度のM&A（売却）をすべて上場企業相手に実行。ショーケース社へのM&A時、同社取締役に就任。人事本部長として、採用育成、人事制度設計、マネジメント研修などに従事。2020年、ギグセールス社（現DORIRU）にM&Aにて参画、2022年から代表取締役就任。

慶應義塾高校、代々木ゼミナール教育総合研究所などで学生にビジネスを教える講師を務めている。学生時代は野球ひと筋16年。甲子園ベスト8。3児のパパ。

著書に『イマドキ部下を伸ばす７つの技術』（あさ出版）ほか、累計12万部超。

会社《かいしゃ》、仕事《しごと》、人間関係《にんげんかんけい》で
心《こころ》が疲《つか》れない仕事術《しごとじゅつ》　〈検印省略〉

2023年　3　月　25　日　第　1　刷発行

著　者——福山　敦士（ふくやま・あつし）
発行者——田賀井　弘毅

発行所——株式会社あさ出版
〒171-0022　東京都豊島区南池袋 2-9-9 第一池袋ホワイトビル 6F
電　話　03（3983）3225（販売）
03（3983）3227（編集）
ＦＡＸ　03（3983）3226
ＵＲＬ　http://www.asa21.com/
E-mail　info@asa21.com
印刷・製本　（株）シナノ

note　http://note.com/asapublishing/
facebook　http://www.facebook.com/asapublishing
twitter　http://twitter.com/asapublishing

ISBN978-4-86667-497-1 C2034